기도의 사도직 총서 02

기도는 어떻게 할 것인가?
주도권 내려놓고 갈망하기

기도의 사도직 총서 02

기도는 어떻게 할 것인가?

주도권 내려놓고 갈망하기

성경·교회문헌 ⓒ 한국천주교중앙협의회. 2025
교회 인가 서울대교구 2025년 2월 7일
초판 1쇄 발행 2025년 3월 17일

지은이   최준열
발행인   손우배

펴낸곳   (주)도서출판 하우
주　소   서울시 중랑구 망우로 68길 48
전　화   (02)922-7090
홈페이지 http://www.hawoo.co.kr
e-mail   hawoo@hawoo.co.kr

ISBN 979-11-6748-215-0 03230

값 20,000원

이 책은 저작권법에 따라 보호받는 저작물이므로 무단 전재와 무단 복제를 금지하며,
이 책의 내용의 전부 또는 일부를 이용하려면 반드시 저작권자의 서면 동의를 받아야 합니다.

기도의 사도직 총서 02

기도는 어떻게 할 것인가?
주도권 내려놓고 갈망하기

최준열 지음

책
머
리
에

    많은 분들의 성원과 도움으로 졸작 『기도란 무엇인가?』가 3개월이라는 짧은 기간 동안에 초판 2,000권이 다 팔리게 되었다. 처음으로 낸 책이라 모자람이 많이 있었으리라 짐작되는데도 응원과 사기 진작 차원에서 기도의 사도직 회원 여러분께서 적게는 1권씩, 많게는 100권씩 사 주신 덕분이라 생각한다. 더불어, 신자들의 기도에 대한 관심과 열정에 비해 시중에 기도를 쉽고 체계적으로 알려주는 책이 거의 없었기 때문에 호응이 좋지 않았나 추측해 본다. 한편으로 기쁘기도 했지만, 다른 한편으로 슬프기도 한 교회의 현실이다. 이러한 이유 때문에 다른 것보다도 기도를 주제로 하는 영성 서적을 많이 내야겠다는 욕심이 생겼다.

    이러한 막연한 욕심이 생각보다 빨리 실현될 계기가 있었다. 예상보다 책이 빨리 '완판'되면서 책을 재판하라는 요구가 있어,

초판 때 꼼꼼하게 보지 못했던 교열과 교정을 다시 보고 있을 때였다. 신자 중 한 분이 내게 이런 이야기를 했다.

"신부님! 신부님 책을 다 읽으면, 신부님이 말씀하신 대로 기도가 저절로 잘될 것만 같았는데, 막상 기도하려고 앉아 보니 어떻게 기도를 해야 할지 모르겠어요……."

신자로서 그냥 스쳐 지나가듯 글쓴이에게 간단한 하소연 정도로 하신 말이겠지만, 자매님의 그 말은 내 뒤통수를 세게 치는 듯했다. '기도는 책을 읽고 사유하는, 말 그대로 머리로 하는 것이 아니라, 주님과 나를 이어주는 마음이라는 다리를 이용하여 결국, 몸으로 하는 것인데, 내가 이 사실을 신자들에게 강조하지 않았구나……' 하는 자책과 더불어 또 다른 큰 숙제를 떠안는 계기가 되었다. 이렇게 받은 큰 숙제의 결과물이 바로 이 책이다.

우리가 가지고 있는 신앙은 기도만으로 완성되는 것은 아니다. 기도와 더불어 삶 안에서의 복음적 실천이라는 더 큰 항목이 있어야 비로소 완성된다. 따라서, 우리가 일상에서 하는 기도는 단순한 자기 만족에만 머무는 것이 아니라 내 삶 안에서 실천을 통해 반드시 열매를 맺어야 한다. 이것이 가능하다면 내가 하고 있는 기도가 잘 되고 있는지도 내 삶 안에서 충분히 식별할 수 있을 것이다.

결국, 기도의 사도직 영성서 1권인 『기도란 무엇인가?』는 기도를 통해 좋은 열매를 맺기 위해 '나는 어떤 삶을 살아야 하는가?'에 방점이 찍혀 있다면, 본서 『기도는 어떻게 할 것인가?』는 삶 안에서 좋은 열매를 맺기 위해서 '나는 어떻게 기도해야 하는가?'에 더 초점을 둔 책이라 할 수 있겠다. 하느님께서 원하시는 최고의 신앙을 가지기 위해서는 1권과 2권을 같이 활용하여 기도하기를 권고한다.

예수회원들이 집필하는 기도서의 대부분은 영신수련에 초점이 맞추어져 있다. 사부 이냐시오의 후예들이기에 어찌 보면 당연한 일이겠지만, 문제는 영신수련이 초보자들이 진입하기에는 꽤 장벽이 높은 기도 방법 중 하나라는 점이다. 영신수련은 순서가 복잡하고 각 순서에 해당하는 기도 방법도 정해져 있는 데다, 상상하면서 복음 내용을 기도에 적용해야 하는 등 생소한 부분이 많이 있다. 특히, 묵상이나 관상이 익숙하지 않는 신자들에게는 더더욱 도전하기 어려운 기도 방법이다. 이러한 장벽 높은 기도 방법을 갑자기 요구하면 신자분들이 당황스러워 하는 경우를 많이 보게 된다.

따라서 본서는 본격적인 영신수련을 체험하기 전에 '기도하는 몸'을 만들기 위해 기본적으로 필요한 침묵, 호흡법, 기도를 위한 성경 활용법, 상상력을 활용하는 기도, 그리고 성찰 등을 중점적으로 수련할 수 있도록 안내하였다. 그중에서도, 상상력을 활용하는 기도법에 세 챕터를 할애하였는데, 이는 이냐시오 관상의 성패가 상상력을 얼마나 잘 활용할 수 있는가에 달려 있기 때문이다. 특히, 상상력을 활용하는 기도의 경우 최근 신자들의 기도 체험 중 가장 강렬했던 주제였던 '상처'와 '용서' 등을 주제로 심았다. 꾸준히 챕터별 수세를 차례대로 수련한다면, 영신수련 8일 피정이나 30일 피정을 준비하는 분들에게는 아주 유익한 실습서가 될 것이라 확신한다.

　마지막으로 감사해야 할 분들이 많이 있다. 책을 발간할 때, 생각보다 제일 어려운 것 중에 하나가 책 제목을 정하는 일이다. 사람들이 책을 고를 때, 처음으로 손이 가게끔 만들게 하기 위해 전략적으로 중요한 것이 바로 제목이다. 이번에도 제목으로 골머리 아파하는 나에게 무릎을 탁 칠 수 있는 참신한 제목을 지어 주신 김정욱 신부님께 감사의 말씀을 드린다. 그리고 언제나 늘 그렇듯이 허술한 내용의 책을 거창한 영성서가 되도록 허락해 주신 기도의 사도직 한국 총 담당이신 손우배 신부님께도 감사 인사를 드린다. 또한 바쁜 일정에도 불구하고 항상 1순위로 책 교정을 도맡아 주신 문혜식 클라우디아 자매님께도 크게 고개 숙여 감사드린다. 그리고 상업성이 전혀 없는 책임에도 불구하고 항상 기쁘게 웃으시며 기꺼이 책 출판 요청에 응답해 주신 도서출판 하우 박민우 사장님께도 감사 인사를 전해 드린다.

　마지막으로, 우리들의 벗 예수님께 감사드린다. 이 한 권의 기도책이 예수님과의 깊은 관계를 형성함으로써 그분의 마음을 전파하는 데 미약하나마 도움이 되기를 간절히 바라며…….

"예수성심! 이 땅에 당신의 나라를 세우소서"

예수성심 발현 350주년을 기념하는
대희년 한가운데에서

차례

책머리에 ___ 4

1장

침묵 ___ 18

도입 ___ 18

기도 수련 ___ 25

수련 1. 앤소니 드 멜로 신부의 "침묵 기도하기" ___ 25

수련 2. 침묵 심화하기 ___ 27

실전 기도들 ___ 32

첫째 주 수련 ___ 32

둘째 주 수련 ___ 35

셋째 주 수련 ___ 38

넷째 주 수련 ___ 42

다섯째 주 수련 ___ 46

2장 — 50

향심기도

도입 ___ 50
기도 수련 ___ 55
  수련 1. 앤소니 드 멜로 신부의
    "몸의 감각 알아차리기 훈련" ___ 55
  수련 2. 향심기도 ___ 57
실전 기도들 ___ 61
  첫째 주 수련 ___ 61
  둘째 주 수련 ___ 65
  셋째 주 수련 ___ 69
  넷째 주 수련 ___ 73

3장 — 78

성독(Lectio Divina)

도입 ___ 78
기도 수련 ___ 85
  수련. 개인별 성독 훈련 "개인 독서" ___ 85

실전 기도들 ___ 88

　첫째 주 수련 ___ 88

　둘째 주 수련 ___ 93

　셋째 주 수련 ___ 95

　넷째 주 수련 ___ 100

4장 ___ 106

상상하며 기도하기 I:
인격적 관계 형성

도입 ___ 106

기도 수련 ___ 113

실전 기도들 ___ 116

　첫째 주 수련 ___ 116

　둘째 주 수련 ___ 122

　셋째 주 수련 ___ 126

　넷째 주 수련 ___ 129

5장

상상하며 기도하기 II: 용서

136

도입	136
기도 수련	143
수련 1. 십자가 아래에서의 용서 1	143
수련 2. 십자가 아래에서의 용서 2	146
실전 기도들	149
첫째 주 수련	149
둘째 주 수련	154
셋째 주 수련	158
넷째 주 수련	163

6장

상상하며 기도하기 III: 상처와 치유

170

| 도입 | 170 |
| 기도 수련 | 178 |

수련 ___ 178

  실전 기도들 ___ 183

    첫째 주 수련 ___ 183

    둘째 주 수련 ___ 189

    셋째 주 수련 ___ 194

    넷째 주 수련 ___ 200

7장 ___ 208

양심성찰

  도입 ___ 208

  기도 수련 ___ 217

    수련 ___ 217

  실전 기도들 ___ 220

    첫째 주 수련 ___ 220

    둘째 주 수련 ___ 225

    셋째 주 수련 ___ 231

    넷째 주 수련 ___ 236

8장
염경기도

도입	242
기도 수련	248
제1기도	252
제2기도	255
제3기도	256
제4기도	257
제5기도	259
제6기도	260
제7기도	262
제8기도	263
제9기도	264
제10기도	265
제11기도	266
제12기도	267
제13기도	269
제14기도	270
제15기도	272
마침기도	273

8장 ... 242

1장

침묵

1장

침묵

도입

기도는 대화다. 주님과 대화하려면 몸과 마음을 준비해야 하는데, 이를 위해서는 편안하게 긴장을 풀고 마음을 가라앉히는 연습을 하는 것이 중요하다. 마음을 가라앉히는 가장 좋은 방법은 조용히 머무는 것인데, 조용히 머물기 위해서는 침묵이 필수다. 침묵은 하느님의 말씀을 듣고자 하는 마음속에서 일어나는 우리의 욕구라 할 수 있다.

기도는 하느님의 말씀을 듣고, 들은 바를 내 마음 안에서 내면화하는 작업이므로 기도의 성패를 좌우하는 것은 결국 듣기라 할 수 있다. 그냥 듣는 것이 아니라 잘 들어야 한다. 예수님과의 대화에서 그분의 말씀을 잘 들으려면 당신께서 하시는 말씀에 집중을 해야 하는데, 주변이 부산스러우면 그분의 이야기를 잘 들을 수 없을 것이다. 이러한 의미에서 기도와 침묵은 불가분의 관계라고 할 수 있다. 따라서 기도 안에서 하느님을 만나기 위해서는 우리 마음속 깊숙이 들어가는 통로인 침묵이 필요하다.

침묵은 기도하기 위한 중요한 영적인 훈련 중 하나다. 우리에게 침묵이 필요한 이유는 세상에서 잠시 벗어나 하느님과 대화하기 위해서다. 세상에 있을 때 나는 이 세상의 주인공이지만, 침묵 안에 있을 때는 하느님께서 주인공이시다. 하느님께서 주인공이시기에 나는 그분께 나의 온 존재를 맡겨야 한다. 우리 안에서 맡김이 이루어지려면 먼저 비움이 필요하다. 이러한 의미에서 침묵은 비움의 한 종류라 볼 수 있다.

예수님께서는 하느님 아버지와 대화하기 위해 늘 홀로 산으로 올라가셨다. 특히 산에 올라가 밤새워 기도하시거나 먼동이 트기 전 외딴곳에서 홀로 기도하신 적도 많았다.

> "다음 날 새벽 아직 캄캄할 때, 예수님께서는 일어나 외딴곳으로 나가시어 그곳에서 기도하셨다."(마르 1, 35)

예수님께서는 침묵하며 기도할 때 마주하게 되는 깊은 고독 속에서 하느님 아버지와 만나기를 제안하셨다. 어떤 의미에서 침묵은 고요히 머물며 하느님 앞에서 내 마음을 드러내면서 허심탄회하게 대화할 수 있는 장소라 할 수 있다. 그래서 예수님도 내적인 고요에 머물기 위해 주변 환경을 잘 만들어 기도하라고 자주 언급하셨다.

"너희는 기도할 때에 위선자들처럼 해서는 안 된다. 그들은 사람들에게 드러내 보이려고 회당과 한길 모퉁이에 서서 기도하기를 좋아한다. 내가 진실로 너희에게 말한다. 그들은 자기들이 받을 상을 이미 받았다. 너는 기도할 때 골방에 들어가 문을 닫은 다음, 숨어 계신 네 아버지께 기도하여라. 그러면 숨은 일도 보시는 네 아버지께서 너에게 갚아 주실 것이다."(마태 6, 5~6)

예수님도 침묵 중에 홀로 아버지 앞에 나아가는 것이 얼마나 중요한지를 알고 계셨던 것이다.

그런데 침묵과 명상을 헷갈리는 신자가 많이 있다. 침묵 자체가 외적으로 아무런 말과 행동을 하지 않고 내적으로도 아무 생각을 하지 않는 상태에 머무는 것이라서 단순하게 무(無)의 상태를 유지하는 것이라고 혼동하기 때문이다.

무의 상태를 목표로 자신의 내적 상태를 고요히 유지하는 것은 명상이라고 한다. 침묵과 무의 상태를 유지하는 명상은 엄연히 다르다. 명상은 마음을 고요하게 하고 집중시키는 데 도움을 주지만, 이 자체를 기도라 말하지는 않는다.

기도가 이루어지려면 대화의 상대방인 하느님이 존재해야 하는데, 명상은 상대방이 존재하지 않는다. 명상은 마음을 한곳에 집중시키기 위해 내적으로 고요한 상태를 유지하는 것으로 기도의 준비 단계일 뿐, 기도 그 자체라고 말할 수는 없다. 그러므로 침묵은 하느님과의 만남을 전제로 이루어지는 것으로서, 인격적인 사랑의 대화가 이루어지기 위한 가장 적합한 자세라 정의할 수 있겠다.[1]

현대인들은 주변 소음과 활동 그리고 긴장이 연속되는 삶 속에 살고 있기에 침묵하기가 쉽지 않다. 최근 나에게 있었던 일, 해야 하는데 하지 못한 말과 일, 그리고 다음에 해야 할 말이나 일을 늘 머릿속에 담아놓고 산다. 전부 바쁜 일투성이다. 사실 조용한 시간을 냈을 때조차도 마음속에는 부산스러운 일들로 가득하다. 삶의 소음과 분주함이 우리의 정신과 마음을 지배하고 있기 때문에, 겉으로는 침묵한다 생각하지만 속으로는 침묵이 없는 것이다.[2] 특히 근심과 걱정이 우리를 늘

---

1 김기화, 「기도 생활의 현실과 전망」, 『사목연구』 제11집, 2003, 25~26쪽.
2 앨버트 놀런, 유정원 옮김, 『오늘의 예수』, 분도출판사, 2015, 122쪽.

지배하고 있기에, 마음 써야 할 것과 해야 할 것을 잊는 일은 현대인에게 거의 불가능에 가깝다고 할 수 있다. 따라서 근심과 걱정에게 우리 마음을 빼앗기지 않기 위해서라도 침묵은 신앙인에게 필수 요건이다.

어떤 의미에서 바쁜 현대인들에게 침묵은 필수다. 침묵과 고독 속에서 시간을 보내고 침묵을 실천함으로써 얻게 되는 효과 가운데 하나는 지금 이 순간 그리고 바로 여기에 살도록 우리를 도와주는 것이다. 예수님은 늘 복음 안에서 우리에게 무엇을 먹고 입을지 걱정하지 말라고 말씀하신다(마태 6,25~34). 말 그대로 지금 이 순간을 살라고 우리에게 요구하시는 것이다. 예수님께서는 늘 '지금 여기'를 사셨다. 자신만의 지금 이 순간을 사시며 하느님을 체험하셨고, 이를 위해 늘 고독의 장소로 찾아가 기도하셨다.[3]

오늘날 우리는 늘 꿈을 좇으며 살아간다. 꿈은 미래와 관련 있기 때문에, 어떤 의미에서 보자면 현재를 버린 채 미래와 항상 함께 살아가고 있는 것이다. 하지만 우리가 이 세상에 존재하는 이유가 단순하게 꿈을 이루기 위해서만은 아니지 않는가! 감사하며 자유롭고 행복하게 현재를 사는 것이 중요하고, 그렇기에 여기 그리고 지금(Hic et Nunc)에 존재하는 삶 그 자체에 의미와

---

3 위의 책, 126~127쪽.

가치가 있다. 그런데도 우리는 늘 내일을 염려하느라 오늘을 살아가지 못하고 있다. 오늘 만족스럽게 다 마치지 못한 것을 내일 기어이 다 해내겠다며 오늘의 성과를 폄하하고, 정작 살아있는 순간은 오늘임에도 내일의 근심과 걱정으로 인해 소중한 오늘을 살지 못한다.

최근 청년들만 봐도 그렇다. 사실 대학 시절에 생각하고 배우고 경험해야 하는 것들(예컨대 자아 발견, 세상의 평화와 빈부의 문제, 신앙이란 무엇인가, 사회의 여러 이슈와 새로운 도전과 경험, 깊이 있게 공부해야 할 전공 등)이 많은데도 취업이라는 미래를 준비하느라 정작 그 시절이 아니면 할 수 없는 많은 것들을 놓치며 살고 있다.

이렇게 내일을 염려하느라 오늘을 살지 못하는 우리에게 예수님께서는 당부하신다. 아래의 성경 구절을 천천히 읽어 보자. 가슴 깊은 곳에서 굉장한 위로의 말씀으로 다가옴을 느낄 수 있을 것이다.

"그러므로 내가 너희에게 말한다. 목숨을 부지하려고 무엇을 먹을까, 무엇을 마실까, 또 몸을 보호하려고 무엇을 입을까 걱정하지 마라. 목숨이 음식보다 소중하고 몸이 옷보다 소중하지 않느냐? 하늘의 새들을 눈여겨보아라. 그것들은 씨를 뿌리지도 않고 거두지도 않을 뿐만 아니라 곳간에 모아들이지도 않는다. 그러나 하들의 너희 아버지께서는 그것들을 먹여 주신다. 너희는 그것들보다 더 귀하지 않으냐? 너희 가운데 누가 걱정한다고 해서 자기 수명을 조금이라도 늘릴 수 있느냐? 그리고 너희는 왜 옷 걱정을 하느냐? 들에 핀 나리꽃들이 어떻게 자라는지 지켜보아라. 그것들은 애쓰지도 않고 길쌈도 하지 않는다. 그러나 내가 너희에게 말한다. 솔로몬도 그 온갖 영화 속에서 이 꽃 하나만큼 차려 입지 못하였다. 오늘 서 있다가도 내일이면 아궁이에 던져질 들풀까지 하느님께서 이처럼 입히시거든, 너희야 훨씬 더 잘 입히시지 않겠느냐? 이 믿음이 약한 자들아! 그러므로 너희는 '무엇을 먹을까?', '무엇을 마실까?', '무엇을 차려 입을까?'하며 걱정하지 마라. 이런 것들은 모두 다른 민족들이 애써 찾는 것이다. 하늘의 너희 아버지께서는 이 모든 것이 너희에게 필요함을 아신다. 너희는 먼저 하느님의 나라와 그분의 의로움을 찾아라. 그러면 이 모든 것도 곁들여 받게 될 것이다. 그러므로 내일을 걱정하지 마라. 내일 걱정은 내일 할 것이다. 그날 고생은 그날로 충분하다."(마태 6,25~34)

침묵은 내일을 사느라 지친 우리가 진짜 세상과 그 세상 안에서 활동하고 계시는 하느님을 의식하도록 도와준다. 나 자신을 성찰하여 참다운 나를 발견하고 동시에 삶 안에서 하느님을 찾기 위해서는 침묵에 익숙한 신앙인이 되어야 한다.

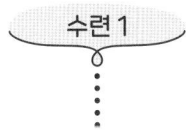

앤소니 드 멜로 신부의 "침묵 기도하기"[4]

- 침묵 기도를 하기 위해 먼저 가장 편안한 자세를 취해 본다. 이때 의자나 맨바닥에 앉아도 되며, 장궤틀을 사용하거나 무릎을 꿇어도 된다. 10분 이상을 머물러도 흐트러지지 않을 자세를 잡는 것이 중요하다. 이어 눈을 감는다.

- 눈을 감은 뒤 10분간 조용히 침묵해 본다. 몸과 마음과 정신이 온전히 고요해지도록 노력한다. 스스로 고요함에 도달했다고 느꼈다면, 침묵 안에서 드러나는 여러 가지 현상들(예를 들어 생각이나 이미지, 소리 등)을 잘 주시해 본다.

- 10분이 지난 뒤에 눈을 뜬다.

- 눈을 뜨고 나서 10분 동안 자기가 무엇을 하였고 또 체험했는지 하느님 앞에서 이야기해 보는 시간을 갖는다.

기도를 준비하면서 마음을 가다듬고 긴장을 풀면서 주변의

---

4 앤소니 드 멜로, 이미림 옮김, 『하느님께 나아가는 길』, 성바오로출판사, 1993, 11쪽.

소리를 들으려 노력해 본다. 하느님의 현존은 현재 진행형으로 벌어지고 있는 현실 그대로이다. 감각과 느낌, 생각, 희망, 사랑, 놀라움, 욕구 등의 생생하게 **떠오르는 것**을 의식해 보자. 그러면 내 안에 계신 하느님의 이타적이고 사랑스러운 현존을 의식할 수 있을 것이다.

떠오르는 것의 예는 다음과 같다.

첫째, 이전과는 다르게 예수님과 새로운 방법으로 함께 있음을 느낄 수 있다. 또는 그분께서 전혀 새로운 방법으로 나에게 다가오심을 느낄 수노 있다.

둘째, 하느님의 사랑을 생생하게 체험하거나, 무언가를 사랑하는 마음이 생길 수도 있다.

셋째, 하느님 앞에서 그저 행복하고 만족스러움을 느낄 수도 있다.

넷째, 떠오른 단어나 말씀들로 인해 갈등이 일어나거나 혼란스러울 수도 있으며, 새로운 의미를 체험할 수도 있다.

위에서 언급한 것들이 떠오른다면 잠시 **기도 안에서 멈춘 뒤**에 그러한 것들이 사라질 때까지 **기도 안에서 머물도록 노력한다**. 이때 기도 안에서 주시하고 있는 것들을 빨리 알아내고자 서두르거나 앞서 나아가지 않도록 주의해야 한다. 인내하고 기다리며 주님께서 주시는 말씀이나 내용들을 잘 들으려 노력해야 한다.

혹시 아무것도 떠오르는 것이 없다 하더라도 금방 기도를 끝내려 하거나 조급한 마음을 가지지 않도록 하자. 기도 안에서 아무런 움직임이 없다고 해서 실망하지 말고 끈기를 가지고 기다리는 것이 중요하다.[5]

수련 1의 훈련이 어느 정도 되었다고 생각한다면 다음의 수련 2를 시도한다.

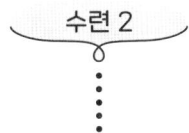

침묵 심화하기

- 내가 평소에 가지고 있던 부정적인 감정들, 예를 들어 이기심, 질투, 미움, 공포, 화, 분노 등을 생각해 보자.
- 부정적인 감정들이 정리되었다면, 이제부터 호흡에 집중하여 기도한다. 편안하게 숨쉬면서 3~5분 동안 코를 통과하는 공기의 흐름에 집중해 보자.

  들숨과 날숨을 쉴 때 공기가 콧구멍을 지나가는 감촉을 느껴보도록 하지. 들숨과 날숨을 쉴 때 치이점을 느끼겠는가? 예를 들이, 공기의 온도

---

5 존 벨트리, 김영택 옮김, 『영혼의 길잡이』, 이냐시오 영성연구소, 2006, 15쪽.

차이를 느낄 수 있겠는가? 공기의 냄새 차이를 느낄 수 있겠는가? 공기의 무게 차이를 느낄 수 있겠는가? 들숨과 날숨을 쉬며 공기의 가벼움이나 따뜻함을 느껴 보자.

- 3~5분의 시간이 지났다면, 이제 깊은 영의 차원에서 이루어지는 호흡의 변화를 체험해 보자. 호흡의 변화를 체험할 때 아래의 상상력을 함께 사용하며 호흡에 집중해 보도록 하자.

  성령의 기운이 내 마음으로 들어온다고 상상하며 숨을 들이쉰다. 그리고 앞서 정리했던 부정적인 감정들이 공기에 들어 있다고 생각하며, 불순함이 실린 오염된 공기가 내 몸 밖으로 나간다는 상상을 하며 호흡을 내뱉는다.

  이때 부정적인 감정에 너무 집중하지 않도록 주의한다. 단순하게 부정적인 감정이 호흡을 통해 나간다고만 생각하고 호흡 자체에만 집중한다. 이렇게 약 5분 정도 계속 집중하여 하느님의 현존을 의식하며 계속 호흡한다.

- 전체 기도 시간은 약 10분 정도로 하며, 10분이 지난 뒤에 주의 기도로 전체 기도를 마무리한다.

기도 회고

기도를 끝냈다면, **기도 안에서 일어났던 체험을 정리하는 시간**을 갖는다. 이때 하느님께서 기도 안에서 무엇을 하셨는지 다시 떠올리면서 천천히 기도에 대해 회고하는 시간을 충분히 가진다. 이때 회고 시간은 약 10분에서 15분 정도로 하며, 노트를 준비해서 기도 안에서 일어난 일들을 간단하게 정리하면 좋다. 기도를 회고할 때는 아래의 몇 가지에 유의하며 성찰하도록 한다.

1. 기도를 회고할 때 중요한 점은 기도를 끝낸 후 단순하게 떠오른 생각을 나열하는 것이 아니라 기도 안에서 일어난 일들이 무엇인지를 객관적으로 떠올려 보는 것이다. 따라서 기도 안에서 어떤 생각이 떠올랐는지 돌이키기보다는 기도 안에서 무슨 일이 일어났는지에 대한 회고에 초점을 맞추어야 한다. 그리고 어떤 중요한 일이 일어났다면, 그 일을 겪은 나는 어떤 기분이었는지(예컨대 위로, 실망, 공포, 불안함, 지루함, 혼란 등) 추가로 서술해 보는 것도 중요하다.
2. 기도하는 중간에 절대 기도 안에서 체험한 일들을 노트에 정리하지 않도록 한다. 예를 들어 기도하는 장소(예컨대 성당이나 개인 기도방)에 필기도구나 노트를 가지고 들어가지 않도록 주의한다. 기도 중에 강하게 떠오르는 느낌이나 깨달음 또는 깊은 체험이 있었다고 하더라도 바로 적지 말고 침묵을 계속 유지하도록 한다.
3. 기도가 끝나면 바로 일어나지 말고 반드시 기도 중에 깊은

체험을 겪었는지 확인한 뒤, 침묵 중 일어났던 일을 마음속으로 정리하고 나서 그 자리를 떠나도록 한다.
4. 기도하고 난 뒤, 반드시 기도 장소를 떠나 다른 장소에서 회고하는 시간을 갖는다. 글을 쓸 수 있는 다른 곳으로 가서 생각을 정리하고 난 뒤, 노트 필기를 한다. 기도 장소와 회고 장소를 다르게 하는 이유는 기도 회고 시간이 기도의 연장선상이 되지 않기 위함이다.
5. 성찰 노트를 쓸 때 일기 쓰듯이 쓰지 않도록 유의한다. 노트에 기록하는 이유는 기도 안에서 체험을 정리하고 다음 기도에 단순히 도움이 되기 위한 것일 뿐, 나의 기도 역사를 남기기 위함이 아니다. 따라서 일기 쓰듯이 길게 쓸 필요가 없다. 또한 추상적으로 쓰거나 꾸미거나 과장할 필요도 없다. 체험했던 바를 있는 그대로 쓰되, 최대한 요약해서 단순명료하게 쓰도록 노력한다.

기도를 끝내고 기도 내용을 되돌아볼 때, 자신의 기도에 관해 다양한 질문을 해 볼 수 있다. 이러한 질문들은 기도를 평가하기 위해서 사용될 수 있으며, 기도를 다양한 각도에서 살펴볼 수 있는 좋은 방법이 될 수도 있다. 예를 들면 다음과 같은 질문[6]을 해

---

6   빌 쇼크, 김미경 옮김, 『기도와 인격 성숙』, 성바오로, 1999, 85쪽.

볼 수 있다.

1. 준비된 마음으로 기도에 임했는가?
2. 기도를 시작하고 나서 마음이 가라앉을 때까지 충분한 시간을 할애했는가?
3. 기도 안에서 내가 하고 싶은 말을 주로 하려 했는가? 아니면 하느님께서 나에게 하시는 말씀을 잘 듣기 위해 노력했는가?
4. 주님의 현존을 느꼈는가? 현존을 느낄 때 편안했는가, 아니면 불편했는가? 현존을 깨닫도록 도와준 것이 있는가?
5. 기도 중 분심이 생겼다면 어떤 것이었는가? 나는 그 분심에 어떻게 대처하려 노력했는가?
6. 기도 중에 위로가 올라왔는가, 아니면 실망이 올라왔는가? 위로 또는 실망이 올라왔을 때 느낌은 어떠했는가?
7. 기도 안에서 영감을 받은 것이 있는가?

피정이나 일상에서 기도할 때 위의 질문들을 통해 기도에 대해 회고해 보면 좋다. 모든 질문을 살펴보면 좋겠으나, 한두 가지 질문들만 하며 십숭석으로 평가해 보아도 좋다.

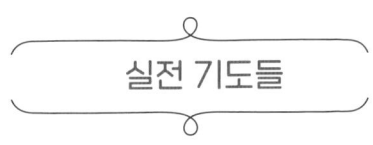

실전 기도들

첫째 주 수련

침묵 기도를 연장해서 연습해 보도록 한다. 이 기간에 침묵 기도를 <u>매일 10분 이상</u> 훈련하면 많은 도움이 된다. 만약 시간이 없다 하더라도 <u>**일주일에 적어도 3번 이상**</u>은 꼭 해야 제대로 된 영적 수련이 이루어질 수 있다. 기도가 끝난 뒤에는 장소를 옮겨서 기도 회고를 반드시 한다.

기도의 길잡이

1. 먼저 십자가 앞이나 성화상(특히 예수성심 성화상) 앞에서 십자가나 성화상을 바라본다. 집중을 좀 더 잘하기 위해 촛불을 켜 놓고 기도 장소를 약간 어둡게 하는 것도 침묵 기도를 하는 데 도움이 된다.
2. 십자가나 성화상을 바라보다가 마음이 차분해지면 눈을 감고 침묵에 들어간다.

3. 약 10분 정도 침묵을 유지하면서 침묵 안에서 일어나는 일들을 깨어 있는 상태에서 잘 주시해 본다.
4. 기도가 끝난 후 기도 회고를 한다.

기도 회고

1. 기도 후, 기도 안에서 나는 무엇을 하고 있었으며, 무슨 일이 일어났는지, 만약 분심이 있었다면 어떤 분심이 일어났는지 확인해 본다.
2. 만약 기도 중에 졸았다면 어떤 마음 때문에 졸았으며 그 원인은 무엇인지 성찰해 본다.
3. 기도 안에서 위로 또는 실망이 있었는지 확인해 본다. 어떤 종류의 위로와 실망이었는지, 그리고 그때 내 느낌은 어떠했는지 성찰해 본다.
4. 침묵 속에서 일어난 일들을 느낌 위주로 적어보되, 기도에 성공했다면 왜 성공한 것처럼 느꼈는지, 실패했다면 왜 실패한 것처럼 느꼈는지 평가해 본다.

Note

지난번 했던 **첫째 주 수련을 반복**해서 연습해 본다. 이 기간에는 기도 시간을 **20분** 정도로 늘리는 것이 좋다. 매일 기도하는 것을 기본으로 하되, 만약 시간이 없다 하더라도 **일주일에 적어도 3번 이상**은 꼭 해야지 제대로 된 영적 수련이 이루어질 수 있다. 기도가 끝난 뒤에는 장소를 옮겨서 기도 회고를 반드시 하도록 한다. 기도 회고 시 노트에 적어 본다.

기도의 길잡이

지난주 수련했던 첫째 주 수련을 다시 반복해서 하도록 한다. **반드시 20분 이상** 해야 한다.

기도 회고

1. 전체적인 기도 회고 방법은 지난주와 동일하게 평가하도록 한다.
2. 지난번 수련했던 첫째 주 수련을 다시 반복해서 기도한다. 기

도 회고 시 지난주 기도보다 만족했는지 아닌지 유의해서 성찰하도록 한다. 만약 만족했다면 그 이유가 무엇인지, 만족하지 못했다면 그 이유가 무엇인지 상세히 노트에 적어 본다.

3. 침묵하는 동안 지난주 기도에서 미처 알아채지 못한 것을 발견했다면 그것도 노트에 상세히 적어보도록 한다.

Note

셋째 주 수련

　침묵 기도를 하는 셋째 주부터는 **기도 준비**에 시간을 할애하고 난 뒤 본기도에 들어가도록 한다. 기도 준비를 할 때 아래 제시된 기도문을 적어도 **2~3번 정도 반복하여 천천히 읽은 후**, 모든 내용을 충분히 숙지하였다고 느꼈다면 기도를 시작하도록 한다. 기도 시간은 **총 30분 정도**(기도 준비 시간 10분, 본기도 시간 20분)로 하도록 하고 매일 기도하는 것을 기본으로 한다. 만약 시간이 없다 하더라도 **일주일에 적어도 3번 이상**은 하도록 노력해야만 한다. 기도가 끝나면 장소를 옮겨서 기도 회고를 반드시 하도록 한다. 기도 회고 시 노트에 적어 본다.

기도의 길잡이

1. 아래 기도를 2~3번 정도 읽고 난 후 본기도를 시작하기 전 기도 준비를 충분히 한다. 기도 준비는 약 10분 정도 한다.

> 아무것도 너를 놀라게 하지 말고
> 아무것도 너를 혼란케 하지 말라
> 모든 것은 다 지나간다.
> 하느님은 변치 않으신다.
> 인내함으로 모든 것을 이긴다.
> 하느님을 가진 자 그에게는 모자라는 것이 없다.
> 하느님만으로 넉넉하다.
>
> — 아빌라의 성녀 데레사

2. 이제부터 본기도에 들어간다. 본기도 시간은 총 20분이다. 편안하게 기도할 수 있도록 자세를 취해 본다.
3. 눈을 감은 뒤 잠깐 동안 지난주까지 배웠던 침묵을 해 본다.
4. 침묵이 어느 정도 이루어졌다고 생각되면, 앞서 읽었던 기도문을 천천히 되새겨 본다. 떠오르는 생각, 이미지 또는 말씀이나 그 외 특이 사항이 있는지 잘 주시하면서 기도문의 내용을 되새긴다.
5. 20분이 지난 후 주의 기도로 침묵 기도를 마무리한다.

기도 회고

1. 침묵 기도를 마무리하며 기도에 대한 평가를 해 보도록 한다. 이때 반드시 노트를 작성한다.
2. 기도문을 되새기는 과정에서 어떤 생각들이 떠오르는지 관찰자의 입장에서 기도 내용을 되돌아본다. 이때 계속 같은 구절만 생각나서 되새김할 수도 있고, 한 장면이 계속해서 떠오를 수도 있다. 예수님께서 나타나셔서 단순하게 나와 함께 하실 수도 있고, 아니면 나에게 이러저러한 말씀을 하실 수도 있다. 그리고 그 말씀을 듣고 난 뒤 내가 대답할 수도 있다. 이러한 모든 것에 집중하며 기도 회고를 해 본다.
3. 만약 기도 시간이 20분 이하였다면 그 원인이 무엇이었는지 분석해 보고 성찰 노트에 작성해 본다.
4. 이 외에도 앞서 침묵 기도 시 언급했던 기도 회고 내용들을 반성하고 작성해 보아도 좋다.

Note

넷째 주 수련

앞선 셋째 주 수련과 동일한 방식으로 기도하도록 한다. 기도 준비를 할 때 제시된 기도문을 **2~3번 정도 반복하여 10분 정도** 읽도록 한다. 모든 내용이 충분히 숙지 되었다고 생각하면 본기도를 시작하도록 한다. 본기도는 **총 20분** 동안 하도록 하고 매일 기도하는 것을 기본으로 하되, 만약 시간적인 여유가 없다면 **일주일에 적어도 3번 이상**을 꼭 하도록 노력한다. 기도가 끝난 뒤 기도 회고를 하고 노트에 적어보도록 한다.

기도의 길잡이

1. 아래 기도를 2~3번 정도 읽고 난 후 본기도를 시작하기 전에 기도 준비를 충분히 하도록 한다. 기도 준비는 약 10분 정도 하도록 한다.

> 사랑하옵는 주여,
> 제가 너그러워질 수 있도록 가르쳐 주소서.
> 당신을 섬기되,
> 마땅히 받으실 만큼 섬기도록 가르쳐 주소서.
> 주되, 그 대가를 셈하지 아니하고,
> 싸우되, 상처받음을 마음에 두지 않으며,
> 땀 흘려 일하되, 휴식을 찾지 않게 하소서,
> 힘써 일하되,
> 당신의 뜻을 행하고 있음을 아는 보수 외는
> 아무것도 바라지 않도록
> 가르쳐 주소서.
>
> — 로욜라의 성 이냐시오

2. 편안하게 기도할 수 있도록 자세를 취해 본다.
3. 눈을 감은 뒤, 잠깐 동안 지난주까지 배웠던 침묵을 해 보도록 한다.
4. 깊은 침묵이 이루어졌다고 생각되면, 앞서 읽었던 기도문을 천천히 되새겨 보도록 한다. 떠오르는 생각들, 이미지들 또는 말씀이니 그 외 특이한 사항들이 있는시 잘 주시하면서 기도문의 내용을 되새긴다.
5. 20분이 지난 후 주의 기도로 침묵 기도를 마무리한다.

기도 회고

1. 전체적으로 기도 회고는 앞선 셋째 주 방식과 동일하게 하도록 한다.
2. 먼저 침묵 기도를 마무리하며 기도에 대한 평가를 해 보도록 한다. 이때 반드시 노트에 작성해 보도록 한다.
3. 기도문을 되새기는 과정에서 어떤 생각들이 떠오르는지 관찰자의 입장에서 기도 내용을 되돌아보도록 한다. 이때 계속 같은 구절만 생각이 나서 되새김을 할 수도 있고, 한 장면이 계속해서 떠오르는 경우가 있을 수도 있다. 그리고 예수님께서 나타나셔서 단순하게 나와 함께 하실 수도 있고, 아니면 나에게 이러저러한 여러 가지 말씀을 하실 수도 있다. 그리고 그 말씀을 듣고 난 뒤 내가 무슨 말을 할 수도 있다. 이러한 모든 것에 집중을 하며 기도 회고를 해 보도록 한다.
4. 만약 기도 시간이 20분 이하였다면 그 원인이 무엇이었는지 분석해 보고 성찰 노트에 작성해 보도록 한다.
5. 이 외에도 앞서 침묵 기도 시 언급했던 기도 회고 내용들을 반성하고 작성해 보아도 좋다.

Note

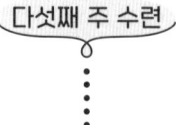
다섯째 주 수련

다음 기도는 앤소니 드 멜로 신부의 "**불꽃 기도**"다. 이 기도는 마음을 안정시키고 주님을 향한 기대감을 부풀게 해 준다. 기도 시간은 **최소 30분 이상** 하도록 한다. 매일 기도하는 것을 기본으로 하되, 일과가 바쁘다면 **일주일에 최소한 3번**은 꼭 하도록 노력해야 한다. 그렇게 해야 수련이 이루어진다. 기도가 끝난 후에는 반드시 노트를 작성하며 기도 회고를 하도록 한다.

기도의 길잡이

1. 먼저 집에서 조용하게 기도할 수 있는 장소와 분위기를 만든다. 책상에 십자고상이나 성화를 놓아둔다. 추천할 만한 성화는 예수성심 성화다. 그리고 그 앞에 촛불을 켜 놓는다. 촛불을 오랫동안 바라보며 침묵에 이르도록 노력한다.
2. 마음이 어느 정도 가라앉았다면 타고 있는 불꽃에 집중해 본다. 불꽃이 춤을 추거나 움직이지 않는 듯 보일 때가 있을 것이다. 그렇게 약 5분 동안 불꽃의 미소한 움직임을 잘 관찰하도록 하자.

3. 이제 불꽃을 바라보면서 그 타는 불꽃이 무엇을 상징하는지 생각해 보자. 많은 것을 뜻할 수 있다. 촛불과 연관된 과거의 추억이 의식 속에 떠오르도록 나의 의식을 개방하며 상징성을 떠올려 보도록 하자. 약 5분 동안 이 작업을 해 본다.
4. 타고 있는 촛불을 바라보면서 그 불꽃과 대화를 나누도록 하자. 그 불꽃의 시작과 끝 그리고 나의 삶과 죽음 또는 일반적인 삶과 죽음에 관해 5분 정도 대화를 나누자.
5. 마지막으로 모든 말과 생각과 추억을 제쳐놓고 충분한 침묵의 시간을 가지며 그 불꽃을 묵상해 보자. 그리고 그 불꽃이 내 마음에 어떤 메시지를 안겨줄 수 있는지 생각해 보자.
6. 마지막으로 손을 합장한 채로 십자고상 또는 성화상 앞에서 절을 하며 기도를 마무리한다. 그러고 나서 정중하게 촛불을 끄면서 그 촛불이 나의 마음 속에 밝혀 준 것들을 의식해 보자.

기도 회고

앞선 기도 수련에서 언급했던 기도 회고(28~31 페이지에 수록)의 항목들을 그대로 적용하여 자신이 했던 기도를 되돌아본다.

Note

2장

———
향심기도

2장

향심기도

도입

 침묵의 기도 가운데 최근 많은 사람들이 훈련하는 대표적인 기도 방법이 바로 향심기도다. 향심기도는 침묵 중에 깨어 있으면서 하느님께 집중하며 기도하는 것으로서, 우리의 온 존재가 하느님의 현존 안에 머물도록 도와준다. 최근 향심기도를 통해 마음의 안정과 평화를 찾았다는 신자들의 이야기를 많이 들을 수 있다. 이렇듯 향심기도가 신앙생활에 도움이 많이 되는 이유는 거룩한 단어를 반복하여 암송하며 호흡을 균일하게 함으로써 마음을 가라앉히는 데 유용하기 때문이다. 특히 긴장을 푼 상태에서 하느님을 만날 수 있도록 도와주는 대표적인 기도 방법이기도 하다.

향심기도는 부정의 길을 따르는 기도 방법이다. 즉 우리의 생각과 의지를 포기하고 하느님께 나 자신을 온전히 맡김으로써 그분과 일치시키고자 노력하는 것이다. 동시에 마음과 정신을 가라앉히면서 비움의 자세로 하느님과 온전히 하나 되고자 노력하는 기도 방법이다. 따라서 향심기도는 능동적이기보다는 온전히 수동적인 기도 자세를 요구한다.

향심기도는 동양의 수행 방법과도 유사한 형태를 지니고 있으며, 특히 요가나 명상과도 유사한 점이 많이 있다. 예를 들어, 요가에서는 한 단어나 사물 또는 같은 소리 등을 내면서 정신을 집중하고 동시에 반복적인 호흡과 리듬 있는 동작을 하며 수행한다. 이와 유사하게 향심기도도 침묵 중에 깨어 있는 상태를 유지하며, 하느님의 현존에 머물러 있는 것을 중요하게 생각한다. 특히 한 단어나 소리 또는 호흡에 주의를 기울임으로써 하느님의 소리에 마음을 집중하고 나의 헛된 생각이나 감정 등을 비우는 데 중점을 둔다.[7]

과거 수도사들은 관상에 이르는 방법의 하나로 서툰한 단어

---

7 앨버트 놀런, 앞의 책, 123쪽.

를 반복적으로 암송하여 마음을 비우며 기도하곤 했다. 이러한 전통적인 기도 방법을 오늘날 현대적인 관점으로 새롭게 재해석하여 수도사들이 기도의 형태로 발전시킨 것이 다름 아닌 향심기도다. 따라서 향심기도는 다른 기도 방법과 비교해서 굉장히 간단하고 단순하며, 내 영혼의 중심으로 들어가 그 안에 현존하시는 하느님을 만나는 데 큰 도움을 준다.

향심기도는 1970년대 미국 매사추세츠 주의 트라피스트 수도원인 성 요셉 수도원의 수도자들 토마스 키팅(Thomas Keating), 바실 페닝턴(Basil Pennington) 그리고 윌리엄 매닝거(Wiliam Menninger)에 의해 체계화되면서 현대에 들어와서 많은 신자에게 보급되었다. 특히 과거 수도 전통에서 행해지던 관상기도를 새롭게 조명함으로써, 수도사들이 수도원에서 배우고 살아왔던 관상적 유산의 소중한 가치들을 수도원 밖에서 살아가는 사람들에게 향심기도라는 형태로 대중화시켰다.[8] 이후 이 기도는 많은 이들이 정신을 고요하게 하고 마음을 가라앉힘으로써 하느님의 현존 안에 머물 수 있도록 도와주는 기도로 발전하였다.

바실 페닝턴이 쓴 『Centering Prayer: Renewing an Ancient Christian Prayer Form』에 따르면 향심기도를 하기 위한 세 가지

---

8 토마스 키팅, 엄무광 옮김, 『하느님과의 친밀』, 성바오로, 1998, 20~21쪽.

전제 조건이 있다.

첫째, 깊은 침묵과 함께 하느님의 현존을 느끼며 기도할 것을 권고한다.

페닝턴은 향심기도를 할 때 단순한 마음으로 자연스럽게 다음과 같이 시작할 것을 제안한다.

'제 영혼 깊은 곳에 현존하시는 주님, 감사합니다.'

둘째, 분심으로부터 쉽게 벗어나기 위해 '거룩한 단어'를 쓸 것을 권고한다.

기도 안에서 일어나는 분심이나 집중을 방해하는 생각 또는 상념은 기도에 방해가 될 수 있다. 따라서 분심이 일어날 경우 하느님의 현존으로 다시 쉽게 돌아가기 위해 거룩한 단어를 사용할 것을 제안한다. 거룩한 단어 외에도 심호흡 등을 사용하는 것도 좋은 방법이다. 거룩한 단어로는 아래와 같은 예시가 있다.

'예수', '아버지', '어머니', '하느님' 또는 '사랑'

거룩한 단어는 언제든지 바꾸어도 무방하다. 그리고 여러 단어를 하루씩 번갈아 가며 사용하는 것도 좋다.

셋째, 분심이 계속 이어지면 조용히 거룩한 단어를 반복할 것을 권고한다.

생각이나 감정이나 잡념이 떠오르는 것을 감지하면, 조용히 단어를 반복함으로써 그러한 잡념들이 저절로 사라지게 할 수도 있다. 잡념이 반복해서 떠오르더라도 기도 안에서는 극히 정상적인 현상이므로 심각하게 생각할 필요가 없다. 우리 안에 현존하시는 하느님께 내 마음이 지속적으로 향하도록 하는 것이 중요할 뿐, 거룩한 단어를 얼마나 많이 반복하느냐는 중요하지 않다.[9] 거룩한 단어를 반복하며 기도할 때 단어에 특별한 의미를 부여할 필요도 없다. 기도 중에 거룩한 단어를 사용하는 이유는 그것이 단순히 잡념을 떨쳐버리기 위한 도구이기 때문이다.

이렇듯 향심기도는 내적 침묵을 도와주고 우리 마음에 현존하시는 하느님께 우리의 마음을 집중시킴으로써 당신께 초점을 두고 우리 자신을 열 수 있도록 도와주는 기도라 할 수 있다. 따라서 향심기도를 통해 우리는 하느님과 내적으로 친밀한 관계를 형성할 수 있으며 동시에 더 깊은 관상으로 들어가기 위해 큰 도움을 받을 수 있다. 요약하자면, 향심기도는 관상으로 들어가기 위한 준비 단계의 기도라 말할 수 있다.

향심기도에 쉽게 들어가기 위해서는 알아차리는 훈련(Awareness Exercises)이 많은 도움을 준다. 기도할 때 우리가 기도

---

[9] B. M. 미한, 강우식 옮김, 『치유를 위한 10가지 기도 방법』, 바오로딸, 2012, 51~53쪽.

밖에서 생각하던 것들로부터 빨리 벗어나면 벗어날수록 기도는 더 즐겁고 깊어질 수밖에 없다. 오늘날 우리는 여러 가지 스트레스로 인해 늘 긴장 상태에 머물러 있는 것이 일상이 되어 버렸다. 그리고 이러한 긴장은 기도 안에서의 잡념이나 분심으로 계속 드러난다. 쉽고 빠르게 분심에서 벗어나기 위해 효과적으로 도와주는 것이 바로 알아차리기 훈련이다. 알아차리기 훈련은 기도하기 전 긴장을 풀어주고, 쉽게 집중하게 해 주며, 우리의 영혼을 쉬게 해 주고, 무엇보다도 내 몸의 감각이나 호흡을 쉽게 느끼도록 도와준다. 따라서 이러한 수련을 꾸준히 연습해 봄으로써 우리는 기도 안에서 하느님과 좀 더 편하게 의사소통을 할 수 있음을 느낄 수 있다.

기도 수련

수련 1

앤소니 드 멜로 신부의 "몸의 감각 알아차리기 훈련"[10]

- 지금 이 순간에 우리 몸이 느끼고 있는 여러 감각들을 좀 더 세밀하게

---

10   앤소니 드 멜로, 앞의 책, 14~15쪽.

느껴 보는 훈련을 해 본다. 다음의 감각들을 잘 알아차리고 집중해서 의식할 수 있도록 훈련하자. 의식하며 훈련하는 시간은 약 10분 정도가 가장 적절하다.

- 먼저 어깨에 닿는 옷의 감촉을 의식해 보자.
- 다음으로 등에 닿는 옷의 감촉을 의식해 보자. 기도하는 동안 의자에 기대어 앉아 있다면, 의자 등받이에 등이 닿는 부분을 의식해 보자.
- 이제 두 손이 서로 닿는 느낌이나 또는 무릎 위에 편하게 올려진 손의 상태를 가만히 의식해 보자.
- 다음, 넓적다리나 엉덩이가 의자에 닿아 눌리는 것을 의식해 보자.
- 이제 발이 구두에 닿는 것을 느껴 보도록 하자.
- 다음으로 앉아 있는 자세를 정확하게 의식해 보자.
- 이제는 몸의 한 부분에서 다른 부분으로 옮겨가면서 몸의 각 부분을 의식해 보자. 주의할 것은 각 부분을 의식할 때 5초 이상 머물지 않도록 한다. 어깨, 등, 넓적다리 순으로 계속 한 부분에서 다른 부분으로 옮겨가며 의식하도록 한다.

  한 부분에서 다른 부분으로 옮길 때, 앞서 언급했던 순서대로 옮겨가도 좋고, 원하는 부분을 스스로 선택해서 옮겨가며 의식해도 좋다. 머리, 목, 팔, 가슴, 배 순으로 옮겨간다.
- 10분이 지나면 눈을 뜨고 이 기도를 마치도록 한다.
- 만약 예상 시간보다 빨리 끝냈다면, 처음부터 다시 돌아가서 반복해도 좋다.

몸의 감각을 알아차리는 기도가 잘되어 집중에 효과를 봤다면 다음의 수련 2를 연이어 훈련해 본다.

향심기도[11]

향심기도를 하기 위한 몇 가지 기본 요건이 있다. 먼저 방해받지 않고 집중하며 기도할 수 있는 조용한 장소를 찾아야 한다. 예컨대 성당이나 성당 내 성체 조배실과 같은 집중이 잘 되는 장소가 제일 좋다. 집에서 기도한다면 따로 마련된 기도방을 이용하는 것이 좋다. 만약 기도방이 없다면, 침실이 아닌 다른 빈 방을 활용해 보자.

기도 시간은 가능하다면 아침에 일어나자마자가 가장 좋다. 일과가 끝난 후에 기도하게 되면 기도 중에 그날 일어났던 일들이 분심이 되어 떠오를 가능성이 매우 높다. 또한 저녁에 기도할 경우 피곤하여 잠이 들기 십상이다. 따라서 아침에 일어나서 바로 기도를 시작하는 것이 좋다. 혹 아침에 잠이 덜 깨거나 졸음

---

11 B. M. 미한, 앞의 책, 49~59쪽.

이 많은 사람이라면 반대로 저녁 시간에 기도하기를 권고한다. 이렇듯 기도 시간을 먼저 정하는 것도 기도 전 정해야 할 기본 요건 중 하나다.

- 천천히 심호흡을 해 보자. 숨을 들이쉬고 내쉬기를 규칙적으로 반복하며 호흡해 보자.
- 호흡이 안정되었다면, 이제 들숨과 날숨 각각에 의미를 두며 집중해 보자. 먼저 숨을 깊이 들이쉬면서 하느님의 한없는 사랑을 받아들여 보자. 온몸으로 하느님의 사랑을 체험해 본다. 다음에는 숨을 내쉬면서 분노, 원망, 근심 등을 내보내자.
- 반복적으로 심호흡을 하다가 어느 정도 긴장이 풀렸다면, 본격적으로 향심기도에 들어가 본다.
- 나의 존재 깊은 곳에 머무시는 하느님의 현존을 느껴보자. 하느님의 존재를 깊이 느끼며 그 순간 마음에서 우러나오는 짧은 기도를 자유롭게 바치도록 한다. 예를 들어, '오 하느님, 당신은 언제나 제 안에 계시며 사랑을 베푸십니다. 당신의 사랑에 기뻐하며 저를 온전히 당신께 맡길 수 있도록 도와주소서.'라고 기도해 볼 수 있다.
- 다음에는 하느님 사랑에 대한 응답으로 거룩한 단어를 떠올려서 반복적으로 암송해 본다. 거룩한 단어의 예를 들면, '사랑', '하느님' 또는 '예수님' 등과 같이 단순한 단어가 있다. 너무 복잡하거나 특별한 단어를 선택할 경우 그것이 오히려 분심이 될 수 있으므로, 간단하면서도 평소에 자주 쓰던 단어를 선택하는 것이 좋다.

- 이제 하느님의 사랑 안에 깊이 머물러 보자. 머물다가 분심이 생기면 앞서 반복적으로 암송했던 거룩한 단어를 다시 반복한다.
- 이렇게 약 10~15분 정도 기도한 뒤에 주님의 기도를 마침 기도로 하여 마무리한다.

처음 이 기도를 하게 되면, 가만히 아무 생각 없이 앉아 있는 것이 무슨 도움이 되는가 하는 회의감이 올라올 수 있다. 이러한 회의감은 기도를 방해하는 악신의 영향일 가능성이 매우 높다. 기도는 내가 꼭 무엇을 해야지 잘되는 것이 아니다. 오히려 아무 일이 일어나지 않더라도 평온함 속에서 단순하게 머무는 것이 잘된 기도일 수 있다.

기도의 주도권은 하느님이 쥐고 계시기 때문에 **내가 무엇을 하기보다는 하느님께서 당신의 일을 하시도록 나를 내어드리는 것**이 매우 중요하다. 침묵 가운데 가장 친한 친구가 앞에 있다고 생각하고 기도해 보자. 무슨 말이 필요하겠는가? 그저 함께해 주는 것만으로도 나에게는 큰 위로가 되지 않겠는가!

기도 회고

시노를 끝낸 후, 시노 안에서 일어난 일들을 회고하면서 노트에 작성해 보자.

1. 기도 안에서 하느님의 현존을 체험했는가? 만약 체험했다면 구체적으로 그 내용을 적어 보자.
2. 내가 정한 거룩한 단어는 무엇인가? 그 거룩한 단어가 분심을 없애는 데 도움이 되었는가?
3. 이 기도 안에서 평온함을 느낀 적이 있는가? 만약 있다면 구체적으로 체험한 내용을 적어 보자.
4. 알아차리기 훈련 이후 향심기도를 하는 것이 도움이 되는가? 어떤 식으로 도움이 되었는가? 구체적으로 서술해 보자.
5. 앞선 **제1장 침묵**과 비교해서 향심기도가 더 쉽게 다가오는가? 아니면 어렵게 다가오는가? 쉽게 또는 어렵게 다가오는 이유는 무엇인가?

첫째 주부터 2주간은 호흡 감각에 관한 기도를 연습해 본다. 이 기도는 마음을 고요하게 하고 나의 의식이 더 민감해지게 훈련하는 대표적인 기도다. 처음 연습할 때는 생소하기 때문에 어렵거나 지겨울 수 있지만, 일단 훈련이 되고 나면 마음의 평화를 유지하고 정신을 집중하는 데 크게 도움을 줄 것이다. 이번 첫 주간 동안 **매일 15분** 아래의 기도를 수련해 보자. 매일 기도하는 것을 목표로 하되, 시간적 여유가 없다면 **1주일에 적어도 3일 이상**은 꼭 수련해야 한다.

기도의 길잡이

1. 앞선 수련 1의 "몸의 감각 알아차리기 훈련"을 약 5분 동안 진행하도록 한다.
2. 5분이 지나면 편안하게 호흡한다. 이때 공기가 콧구멍으로

드나드는 것을 잘 주시하면서 집중하도록 한다. 단순하게 공기가 콧구멍으로 지나가는 것에만 집중할 뿐, 공기가 몸 전체 중 어디를 지나가는지는 의식하지 않도록 주의한다.
3. 인위적으로 호흡을 조절하지 않도록 한다. 예컨대 의도적으로 숨을 깊게 들이마시거나 호흡의 강약을 조절하거나 또는 리듬에 맞추어서 균일하게 호흡하려 노력하지 않는다. 단순하게 호흡을 알아차리는 것에만 집중한다. 이 훈련은 단순하게 호흡을 알아차리는 데 목적이 있는 것일 뿐, 호흡을 훈련하는 데 목적이 있는 수련이 아니다. 따라서 호흡 그 자체에 신경을 너무 많이 쓰지 않도록 주의한다.
4. 이 훈련은 약 10~15분 정도 해 보는 것이 적당하다. 이 훈련을 할 때 호흡을 놓치지 않고 계속 주시하며 따라가야 한다.

기도 회고

1. 전체적인 기도가 나와 하느님의 관계에 도움이 되었는가?
2. 기도 후의 느낌이 어떤가? 긍정적인 느낌이 주로 드는가? 아니면 부정적인 느낌이 주로 드는가?
3. 기도 중 호흡이 많이 의식되었는가? 아니면 호흡이 편안했는가? 이 질문의 답에 대한 이유도 간단히 적어 본다.

4. 앞선 기도 수련과 비교해서 이 기도가 쉬웠는가? 아니면 어려웠는가?
5. 만약 분심이 있었다면 어떤 것이 올라왔는가?
6. 전체적으로 기도 안에서 일어난 일들을 요약하여 적어 보자. 모두 적으려고 하지 말고 마음에 크게 와닿았던 것들만 적어 보자. 만약 없다면, 간단하게 느낌만 적어도 좋다. 예를 들어 평화, 사랑, 두려움, 원한, 건조함 등 간단한 단어로 기도 전체에 대한 느낌을 표현해 본다.

Note

주도권 내려놓고 갈망하기

둘째 주 수련

지난주에 했던 호흡 감각에 관한 기도가 어느 정도 숙달이 되었다고 느꼈다면, 이번 주에는 호흡기도를 조금 변형해서 훈련해 본다. 둘째 주 수련에서는 **매일 20분 이상** 훈련한다. 또한 가능하다면 지난주와 비교해서 기도 횟수도 늘려 보도록 한다. 매일 수련하는 것을 기본으로 하되 시간적 여유가 없다면 **적어도 4번 이상**은 꼭 수련한다. 기도가 끝나면 **15분** 동안 성찰하고, 기도 안에서 일어난 일들을 상세하게 노트에 적어 본다.

기도의 길잡이 [12]

1. 잠깐 호흡을 의식해 보자. 공기 안에 현존하고 계시는 성령의 기운을 느끼며 천천히 들숨과 날숨을 반복해 보자. 숨 쉬고 있는 지금 이 순간 공기 안에 현존하시는 하느님의 존재를 느껴 보자. 숨을 들이쉬고 내쉴 때 공기 안에 계시는 하느님의 현존을 의식해 보자. 호흡하면서 하느님의 현존을 체

---

[12] 앤소니 드 멜로, 앞의 책, 43~44쪽. "호흡을 통한 하느님과의 대화" 부분을 응용하여 수록하였다.

험할 수 있겠는가? 어떤 방식으로 하느님의 존재를 체험하고 있는지 구체적으로 느끼며 호흡해 보자.

2. 이제 하느님께 나 자신에 대해 표현해 보자. 이때 말을 사용하여 표현하려 하지 말고, 단순하게 호흡을 통해 하느님께 나의 열망을 표현해 보자. 그리고 하느님께서는 어떻게 나의 열망에 응답하시는지 잠깐 느껴 보자.

3. 이제 하느님을 간절하게 원하는 나의 갈망을 표현해 보자. 머릿속으로도 아무 말도 하지 말고 그저 호흡을 통해서만 나의 열망을 표현해 보자. 균일하게 호흡하면서 할 수도 있고, 깊은 심호흡을 하면서 나의 애절한 그리움을 하느님께 표현할 수 있다. 그리고 마음속으로 다음과 같이 외치며 호흡해 보자.

 "나의 하느님, 저는 당신을 간절히 그리워하나이다!"

4. 이제 하느님에 대한 그리움을 다르게 표현해 보자. 어떤 말로 표현하려 하지 말고 단순하게 호흡을 통해서만 하느님에 대한 갈망을 표현한다. 예를 들어 숨을 내쉴 때 깊은 한숨을 쉬듯 숨을 깊이 있게 내쉬고 다음과 같이 외치며 호흡해 볼 수도 있겠다.

 "나의 하느님, 저의 모든 것을 당신께 온전히 맡기나이다!"

5. 이제 하느님 앞에서 느끼는 다른 느낌을 생각해 보고 이것들을 호흡을 통해 표현해 보자. 느낌들의 예로는 사랑, 평화, 따뜻함, 자비, 빛 등이 있다.
6. 만약 이렇게 훈련하는 것이 생소하거나 어렵게 느껴진다면, 호흡하며 느낄 수 있는 하느님의 현존을 단순하게 의식해도 좋다. 들숨과 날숨을 천천히 반복하며 공기 속에 계시는 하느님의 현존을 의식하며 편안하게 머물러도 좋다.
7. 이 기도 때 분심이 올라온다면 하느님께 현재 나의 상황들, 그것이 좋은 것이든 나쁜 것이든 상관없이 하느님께 모든 것을 마음을 터놓고 표현해 보자. 분심이 쉽게 가라앉는 것을 체험할 수 있을 것이다.

기도 회고

둘째 주 수련의 기도 회고는 첫째 주 수련의 회고와 동일한 방법으로 기도를 되돌아본다.

Note

셋째 주 수련

이번 주부터는 본격적으로 향심기도를 훈련해 보도록 한다. 향심기도는 굉장히 단순한 기도다. 앞서 했던 수련 2의 향심기도를 기본으로 하되, 아래 토마스 키팅 신부가 소개하는 향심기도를 참고하여 훈련해 보자. 향심기도는 **매일 20분 이상** 훈련하면 영적 수련에 크게 도움이 된다. 매일 하는 것을 기본으로 하되 적어도 <u>**일주일에 3번 이상**</u>을 기도하는 것이 좋다. 기도가 끝난 후, 늘 같은 방식으로 기도 회고를 하고 성찰 노트에 적어보도록 한다.

기도의 길잡이 [13]

1. 내 안에 현존하시는 하느님을 느껴 보자. 하느님께서 활동하고 계심에 동의한다는 의미를 나타내는 상징으로서 거룩한 단어 하나를 선택하자. 거룩한 단어는 하느님의 현존 안에 머물며 그분의 역사하심에 순종하려는 우리의 의지

---

[13] 토마스 키팅, 권휘순 옮김, 『센터링 침묵기도』, 가톨릭출판사, 2006, 202~203쪽.

를 의미한다.
2. 편안한 자세를 취한 뒤, 눈을 살며시 감는다. 심적으로 안정이 되었다는 생각이 들면 나의 내면에 계시는 하느님의 현존과 역사하심에 동의하는 거룩한 단어를 조용히 떠올리며 반복하여 암송한다. 빠르게 하려고 노력하지 말고 천천히 반복하며 암송하도록 유의한다.
3. 어떤 잡념이 떠올랐다면, 빨리 인식하고 난 뒤에 거룩한 단어로 천천히 되돌아가자.
4. 20분 정도 지난다고 느꼈다면, 2~3분 동안 눈을 감은 채 침묵 속에 조용히 머물다가 자연스럽게 기도를 마친다.

앞서 언급했던 바와 같이 **하루에 20분씩** 수련하는 것은 영적 성장에 크게 도움이 된다. 향심기도를 할 때 분심이 생각보다 많이 들 때가 있는데, 이는 기도 시 자연스러운 현상이다. 따라서 분심을 그대로 인정하고 바라보면서 **주님께서 따뜻한 손길로 나를 어루만져 주신다고 생각하며 기도를 계속 이어가면 좋다.** 향심기도는 내적 치유에도 큰 도움이 되는데, 나를 어루만져 주시며 무의식 수준에서 치유해 주시는 하느님을 깊이 있게 체험할 수도 있다. 이렇게 지속적으로 반복하면 기도 중에 큰 체험이 일어나지 않더라도 기도 밖에서 내 삶이 서서히 바뀌는 것을 체험할 수 있을 것이다.

기도 회고

1. 침묵이 잘되었나고 생각하는가? 만약 살되지 않았다면 이유는 무엇인가?
2. 향심기도를 하면서 기도 안에서 특이하거나, 전에는 느끼지 못한 특별한 것이 떠오른 것이 있는가? 상세히 설명해 보자.
3. 전체적으로 기도가 즐거웠는가, 아니면 생소했는가? 그렇게 답한 이유는 무엇인가?
4. 제1장의 침묵기도와 비교해서 향심기도가 쉬웠는가, 아니면 어려웠는가?
5. 전반적인 기도 안에서 떠오른 거룩한 단어 또는 문장이 있는가?
6. 기도를 마치고 나서의 현재 기분을 한 단어로 이야기해 보자.

Note

넷째 주 수련

향심기도는 복잡하지 않은 매우 단순한 기도다. 우리는 이 기도를 통해 우리에게 말씀하시는 성령의 언어를 듣고 느끼며 이해할 수 있다. 이 기도를 통해서 우리 각자 내면의 중심으로 깊이 내려가 생명을 불어넣어 주시는 하느님을 진정으로 경험할 수 있다. 향심기도를 통해서 우리가 하느님께 의존함을 믿고 인식하는 데 많은 도움을 받을 수 있다.

이제 향심기도를 좀 더 심화하여서 훈련해 보도록 하자. **매일 20분 이상**을 훈련해야 하며, 시간적 여유가 없다면 일주일에 **4번 이상**은 훈련해야 한다. 기도가 끝난 후 기도 내용을 되돌아보고 나서 노트에 간단하게 작성해 보자.

기도의 길잡이 [14]

1. 조용히 긴장을 풀고 편안한 자세를 취한다. 그리고 잠깐 침묵하며 하느님의 현존을 느껴보도록 한다.
2. 하느님을 갈망하고 그리워하며 편안히 잠시 쉰다.

---

[14] 존 벨트리, 앞의 책, 245쪽.

3. 나의 가장 깊은 곳으로 마음의 중심을 옮겨 본다. 마음의 중심을 옮긴다는 것이 추상적으로 들릴 수도 있다. 예를 들어 승강기를 타고 천천히 꼭대기 층에서 1층으로 내려오는 상상을 하며 나의 마음 중심을 이동해 볼 수 있겠다. 또는 높은 층에서 아래층으로 계단을 이용하여 내려오거나 산에서 내려온다고 상상해 보아도 좋다. 이외에도 스쿠버 다이빙을 하면서 심연 깊은 곳으로 내려간다고 상상하면서 훈련해 보아도 되겠다.
4. 마음의 중심을 옮기다 보면, 드디어 하느님의 현존을 느낄 수 있는 순간을 찾을 수 있을 것이다. 그 순간에 하느님의 사랑을 몸소 받아들이는 체험을 해 보자.

기도 회고

셋째 주 수련의 기도 회고와 동일한 방식으로 기도 내용을 되돌아보도록 한다.

Note

3장

성독
(*Lectio Divina*)

3장

성독(Lectio Divina)

도입

성독은 수 세기에 걸쳐 교회 안에서 전해져 내려왔으며 모든 수도자가 성경을 활용하여 기도했던 전통적이고 대표적인 방법이다. 초세기 수도자들에게 성독은 영성 생활의 근본이었고, 하느님과의 내적 친밀을 통해 그분과 합일에 이르기 위한 중요한 수행 방법 중 하나였다. 수덕적 삶을 살아가기 위해서는 살아 계신 하느님과의 진정한 내적 만남이 중요했다. 따라서 초세기 수도자들에게 성독은 하느님께서 인도하시는 일치의 길을 잘 따라가고 그분께서 이끄시는 방향대로 잘 살아가기 위한 수도생활의 나침반으로 많이 활용되었다.

성독은 인간적이면서 동시에 초자연적인 성령의 활동이라 할 수 있다. 왜냐하면 우리가 성경을 읽고 묵상하면 자연스럽게 인간에게 건네시는 하느님의 말씀을 당신의 은총을 통해 마음으로 이해하게 되고 동시에 하느님의 거룩한 말씀에 응답하게 되기 때문이다. 따라서 성독은 단순한 이해와 응답에 머무르는 것이 아니라 성경을 읽고 맛 들임으로써 궁극적으로 하느님과의 일치를 통해 관상의 단계에 이르는 방법이다. 동시에 하느님의 은총과 성령의 인도하심으로 인간이 하느님의 말씀을 마음으로 알아듣고 깨달으며 그분의 현존 안에 깊이 머물고자 하는 성령의 활동이라 정의할 수 있다.[15] 결론적으로 성독은 단순히 말씀을 머리로 이해하며 깨닫는 데만 머무는 것이 아니라, 마음으로 받아들인 말씀을 끊임없이 되새기고 실천하는 수행을 통해 우리의 삶을 풍요롭게 하는 데 그 목적이 있다고 하겠다.

성독은 라틴어 'legere'란 동사에서 비롯된 명사형 'Lectio'와 'Divina'가 합쳐진 것으로서 '성경 독서', '거룩한 독서' 또는 '성독'으로 번역한다. 라틴어 'legere'는 '모으다', '필요한 것을 선택하다'라는 뜻을 가지고 있는데, 기록된 본문을 눈으로 훑어본다

---

[15] 허성준, 『렉시오 디비나 I: 독서와 묵상』, 분도출판사, 2015, 17~18쪽.

는 뜻이 있다.[16] 따라서 성독은 하느님의 말씀인 성경을 통해 마음을 모아 나에게 말씀하는 것에 집중하고, 동시에 그분의 현존 안에서 깊이 머물고자 하는 의미가 내포되어 있다고 할 수 있다.

성독은 중세 이전까지 교회 내에서 보편적인 기도 방법의 하나였는데, 이렇게 전통적으로 내려오던 기도 방식을 12세기 귀고 2세가 체계적으로 정립시킨다. 귀고 2세는 성독과 관련된 그 이전의 전통적인 방식을 잘 이어받은 동시에 자신의 신학적인 통찰력을 통해 적절하고 체계적인 단계로 확립한 인물로 평가된다. 특히 귀고는 영석 수행을 하는 수도사들이 성독을 통해 어떻게 관상에 이르는지를 사다리의 이미지를 이용해 구체적으로 설명한 것으로 유명하다. 그는 성독을 네 가지 단계로 설명했는데, 독서(Lectio), 묵상(Meditatio), 기도(Oratio), 관상(Contemplatio)이 그것이다.

영적 사다리의 첫 단계는 독서다. 독서는 성경을 통해 하느님의 말씀을 읽는 것이다. 이 단계에서는 천천히 모든 관심을 집중하여 하느님의 말씀을 읽고 마음의 귀로 말씀을 듣게 된다.[17] 보통 독서의 단계에서는 여러 가지 방식으로 훈련이 이루어지는데, 온 힘을 다해 집중적으로 성경을 연구하는 것, 이성의 능력

16　위의 책, 17쪽.
17　위의 책, 52쪽.

을 사용하여 성경의 맛을 들이는 것, 묵상에 사용할 기초 자료를 얻어내는 것, 외적 감각을 훈련하는 것 등이 포함된다.

실제로 독서 단계에서는 성경의 한 부분을 여러 차례 읽는 것이 중요하다. 이때는 조용히 눈으로만 읽는 것이 아니라, 최소한 한 번 이상 소리를 내서 읽어야 한다. 특히 여러 번 성경을 읽게 되면 집중하는 데 크게 도움이 되는데, 이는 단순히 말씀을 기억하는 것 이상으로 영적인 양식을 내적으로 맛 들임으로써 우리의 영혼 속으로 말씀이 스며들도록 하기 때문이다.

영적 사다리의 둘째 단계는 묵상이다. 묵상은 독서하는 이들이 좀 더 영적으로 진보하는 체험을 하는 단계다. 묵상 단계에서는 하느님의 말씀 안에 숨겨진 진리를 깨닫기 위해 인간의 이성을 전적으로 사용하게 되는데, 이때 정신의 능동적 작용이 주로 이루어지게 된다. 그러므로 이 단계에서는 찾아야 하는 말씀의 진리를 더 주의 깊게 숙고하고 발견함으로써 깨달음을 얻게 되고, 그렇게 깨달음을 얻은 사람은 자연스럽게 진리를 계속 갖고자 하는 열망을 가지게 된다. 따라서 묵상은 '깨달음'과 '열망'이라는 두 가지 요소를 모두 가지고 있다고 할 수 있다.

본래 초세기 수도원에서 묵상은 성경의 말씀에 내포되어 있는 진리를 깨닫기 위해 성경 구절을 반복적으로 되새기는 방법을 의미했다. 성경 말씀의 의미를 깨닫기 위해 성경의 시편이나 말씀 중에서 마음 깊이 다가온 구절을 반복적으로 되뇌면서 다른 분심에 빠지지 않도록 그 말씀을 계속 가지고 사는 것이다. 이렇게 말씀을 되새김질하는 과정을 반추(Ruminatio)라고 불렀는데, 이는 성경을 끊임없이 읽고, 듣고, 그것을 기억하면서 반복적으로 되풀이하는 과정을 의미했다. 그러한 과정을 반복하면서 성경 안에 있는 하느님의 말씀에 대한 통찰이나 깊이 있는 생각이 떠오르면 잠시 동안 머물며 떠오른 것을 곱씹어 봄으로써 마음으로 여러 번 묵상하는 방법이었다. 이렇게 하느님께서 말씀하시는 것을 기억력과 지성을 사용하여 생각해 보고, 최종적으로는 마음으로 느낌으로써 하느님께 감사드리는 것으로, 단순한 기도 이상의 수행 방법의 하나였다.

영적 사다리의 세 번째 단계는 기도다. 이 단계는 하느님께 가까이 가고자 하는 열망이 많은 사람들의 단계로, 사랑에 불붙은 자들의 단계라 볼 수 있다. 이 단계에서는 하느님 말씀의 심오한 신비를 조금씩 깨닫게 되면서 우리 마음이 하느님께 들어올려지게 된다. 그러면서 동시에 관상을 지향하며 하느님과 일치하고자 하는 열망이 점점 커지게 된다.[18]

기도 안에서 하느님께서 하신 말씀에 대해 내가 숙고하며 깨달았다면, 존재 깊은 곳에서 그 말씀에 대한 나의 반응이 반드

---

[18] 위의 책, 54쪽.

시 있어야 한다. 이러한 반응을 우리는 보통 응답이라고 한다. 즉, 성독의 단계에서 기도란 우리 마음에서 자발적으로 우러나오는 응답의 단계로서, 하느님께 내가 하고 싶은 말을 하는 충동이 생기는 단계라 할 수 있다. 어떤 의미에서 하느님의 말씀에 대한 응답이 기도의 가장 큰 특성이라 할 수 있다. 따라서 이 단계에서는 성경 내용에서 깊이 있게 다가온 부분을 하느님과 함께 말이나 글 또는 이미지로 대화할 수 있다. 이 밖에도 하느님과의 대화 내용에서 깨달은 바를 주제로 삼아 대화해도 좋다.

영적 사다리의 마지막 단계는 관상이다. 이 단계에서는 관상에 이른 영혼이 자신에게서 벗어나 하느님께로 높이 올라가 영원한 즐거움과 감미로움을 맛보는 체험을 하게 된다. 이때 '맛'은 지상에서 체험해 보지 못한 천상적 기쁨과 생명의 맛을 의미하며, 최종적으로는 내 영혼이 지복직관의 단계에 이르는 것을 말한다.

우리가 일반적으로 이야기하는 관상은 하느님과 일치된 합일의 단계에 이름을 이야기한다. 즉 하느님께서 내 안에 현존하며 내가 그분과 함께 머물러 있음을 느끼는 단계라 할 수 있다.[19] 이 단계에서 중요한 것은 관상 단계에서의 체험은 인간의 능동적인 노력이나 능력으로 되는 것이 아니라 오직 하느님의 은총으로만

---

19 위의 책, 55쪽.

가능하다는 점이다. 우리의 노력이 무의미하기에 단순히 하느님 안에서의 쉼만 이루어진다. 이러한 관상이 하느님의 은총만으로 가능한 이유는 이 세상 모든 사물과 현상을 하느님의 눈으로 관조하기 때문이다. 그렇기에 하느님과 일치하는 체험을 이 단계에서 하게 된다.

관상의 단계에서는 지성적·이성적인 활동이 정지되기 때문에 우리의 생각이나 말, 이미지 등으로는 이 활동을 설명할 수 없다. 이런 이유로 관상에 이르게 되면 침묵만이 남게 되고, 이 침묵을 통해서만 하느님과 대화할 수 있다. 성독의 마지막 단계인 관상은 설명하기에 매우 심오하기 때문에 귀고는 다음과 같이 설명했다.

"주님은 갈망하는 영혼이 모든 것을 다 말할 때까지 기다리지 않으시고 기도 중에 개입하시며, 그 영혼을 만나기 위해 서둘러 다가오십니다. 그리고 감미로운 천상 이슬을 뿌리시고, 가장 귀중한 향료로 기름을 바르십니다. 또한 그분은 지친 영혼을 회복시키시고, 목마름과 배고픔을 채워 주십니다. 그분은 영혼으로 하여금 모든 지상적인 것들을 잊게 하십니다. 주님은 영혼으로 하여금 스스로 지상적인 것에 죽게 하심으로써 그에게 놀라운 방법으로 새 생명을 주시며, 또한 영혼을 취하게 하심으로써 영혼에게 참된 감각을 되찾아 주십니다."[20]

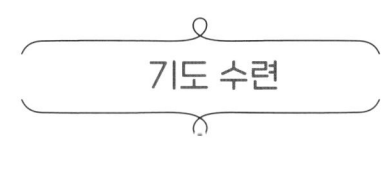
기도 수련

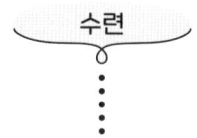
수련

개인별 성독 훈련 "개인 독서"[21]

- 기도하기 위한 기본자세를 잡도록 한다. 여기서의 자세는 몸의 자세와 호흡을 이야기한다.

  1) **자세**: 기도를 하면서 적어도 30분 이상 움직이지 않고 버틸 수 있는 자세를 취하도록 한다. 그 어떤 자세라도 좋다. 각자 신체에 맞는 자세를 골라 기도에 적용하되, 척추를 바로 세우는 것이 중요하다. 허리를 굽힐 경우 내장의 압박이 심해져 호흡이 불편해지게 된다. 그리고 허리가 굽으면 잠에 빠지기 쉽기 때문에 반드시 척추를 바로 세운 상태에서 기도하도록 한다. 척추를 곧게 세워 단전이 몸의 중심에 오도록 한 뒤 귀와 어깨가 수직이 되게 하고, 동시에 머리끝으로는 천장을 밀어 올리듯 하면서, 턱은 안쪽으로 당기도록 한다. 턱

---

20 위의 책, 55쪽.
21 허성준, 앞의 책, 143~152쪽. 허성준 신부가 『렉시오 디비나 I』 편에서 제시하는 독서 기도의 방법을 응용하여 수록했다.

이 들리게 될 경우 자세에 힘이 빠지고 쉽게 졸음이 오게 된다. 눈은 반쯤 살며시 감거나 뜨는 것이 좋으며, 혹시 눈을 뜬 채 기도하고 싶다면 십자가나 촛불 또는 이콘상 등에 시선을 고정시키고 기도하는 편이 좋다.

2) **호흡**: 자세를 잡았다면 이제 호흡을 고르게 해야 한다. 호흡은 복식 호흡법이 가장 좋은데, 아랫배와 가슴을 부풀려 숨을 크게 들이마신 뒤 잠시 멈추었다가 다시 숨을 토해 내는 방법이다. 본래 기도나 명상 중에 하는 다양한 호흡법이 있는데, 의도적으로 호흡을 조절하기보다는 숨 쉬고 있다는 사실에만 집중하여 호흡하는 것이 좋다. 앞서 2장에서 소개했던 호흡으로 하는 다양한 기도를 참고하여 자신에게 가장 맞는 호흡법을 골라 기도에 활용하자.

- 다음으로 하느님의 현존을 의식한다. 기도 안에서 언제나 나와 함께 계시는 하느님의 현존과 기도 안에서의 모든 주도권은 그분께서 가지고 계심을 생각하며 깊이 있게 하느님의 현존을 의식해 본다.

- 성령께 도움을 청해 보자. 성령의 빛이 우리 마음을 비추어 성경에서 드러나는 진리의 말씀을 깨닫고 삶 안에서 열매 맺을 수 있도록 성령께 도움을 청해 본다. 도움을 청할 때는 짧은 기도로 청하는 것이 좋다. 예를 들어,

<u>"오소서, 성령님! 우리 마음에 어서 오사 이 기도가 온전히 당신을 찬미하고 경배할 수 있는 기도가 되도록 해 주소서."</u>

하고 간절하고 진실한 나의 마음을 성령께 청해 보아도 좋다.

- 성독하고자 하는 구절을 작은 목소리로 천천히 읽으면서 들어 보도록

한다. 이때 주의할 점은 다음과 같다.

1) 급하게 읽으려 하지 말고, 말씀을 곱씹어 먹는다는 생각으로 천천히 여유를 가지고 읽는다.

2) 읽을 때는 전 존재로 읽는다. 예를 들어 손으로는(촉각) 성경을 들고 읽을 곳을 편다. 눈으로는(시각) 성경의 말씀을 보고, 입으로는 그 말씀을 작은 소리로 읽는다. 귀로는(청각) 그 말씀을 듣고, 기억과 마음속에 깊이 간직한다.

3) 전례 주기에 맞게 그날 독서를 하거나 복음을 읽는다.

- 성경을 읽다가 말씀 중에 마음에 와닿는 구절이 있다면, 읽는 것을 중단하고 그 말씀에 잠시 머무른다. 이때 주의할 점은 다음과 같다.

  1) 마음에 닿는 구절에 밑줄을 그어 표시한다.

  2) 표시해 둔 구절을 작은 소리로 천천히 반복하여 암송하도록 한다.

- 동일한 방법으로 성경을 천천히 읽어 내려간다.
- 정한 성경 구절을 모두 읽었다면 감사 기도를 드린 후 기도를 끝마친다. 기도를 마칠 때 주의 기도나 그 외 다른 기도를 드리고 끝마치도록 한다.

기도 회고

기도가 끝난 후 기도의 내용을 내 삶 안에서 적용해 본다. 기도 후 자리에서 일어나기 전 마음에 와닿있던 성경 구절 중 하나를 선택하여 성찰 노트에 작성해 본다. 너무 길게 적지 않도록 주의한다. 짧은 구절 또는 단어로 충분하다. 그리고 작성한 성경 구절을 가지고 일상으로 돌아가자. 그저 단순하게 간직하지만 말고, 삶 안에서 끊임없이 되뇌어 보자.

기도에 대한 회고가 끝난 뒤 같은 방식으로 자신에게 맞는 성경 구절을 하나 택한 후에 직접 수련해 보도록 한다.

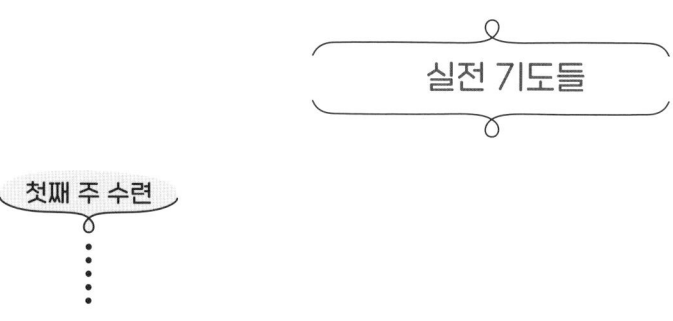

첫째 주와 둘째 주에는 짧은 성경 구절을 가지고 아래 설명한 기도 방법에 따라 수련해 보도록 한다. **일주일에 3번 이상** 수련을 해야 하며, 짧은 성경 구절이지만 **적어도 30분 이상** 기도를 해야 영적 수련이 이루어질 수 있다. 주어진 기도 시간을 잘 지키며 성독을 수련하고, 기도가 끝나면 반드시 성찰 노트를 작성하도록 한다. 기도 주제를 잘 상기하면서 기도하도록 한다.

기도의 길잡이

[이번 주 기도 주제]

주님께서는 기도할 때 너무 많은 말을 하지 말라고 가르치셨으며, 빈말하지 말라고 당부하셨다.

> **복음 구절** 마태오 6:5~8: 올바른 기도

1. [기도 준비] 5분~10분
   - 자세를 바로잡고 호흡을 가다듬으며 가장 편안하게 기도할 수 있는 자세를 잡아 본다.
   - 하느님의 현존을 의식한다.
   - 성령께 청원기도를 드린다.

2. [본기도] 20분~30분
   - 주어진 복음 구절을 천천히 읽으며 마음속으로 반복해 보도록 하자. 성경을 읽다가 마음에 와닿는 구절이나 단어가 있다면 밑줄을 치고 반복해서 암송한다. 같은 방식으로 성경의 내용을 끝까지 읽도록 한다.
   - 주어진 성경 구절을 다 묵상했다면 주의 기도로 독서를 끝마친다.

3. **[본기도 이후] 10분~15분**
   - 기도가 끝난 후에는 앞서 설명한 대로 마음에 와닿은 단어나 성경 구절을 가지고 한 주 동안 말씀을 살아가 보도록 한다.
   - 기도 이후 기도를 아래와 같은 방식으로 되돌아보는 것도 도움이 된다.

   기도 회고

1. [기도 준비], [본기도] 그리고 [본기도 이후] 시간 중에서 가장 어려웠던 부분은 어느 부분이었는가? 그 부분이 어려웠던 이유는 무엇인가?
2. 마음속에서 위로의 구절이나 단어가 있었다면 무엇인가? 그 이유는 무엇인가?
3. 만약 분심이 생기거나 잠이 들었다면 그 이유는 무엇이라고 생각하는가?
4. 전체적으로 성독을 통해 내가 깨닫거나 얻은 바가 있는가? 있다면 어떤 것인가?
5. 이 기도가 나와 하느님의 관계에 있어서 긍정적인 도움이 되었는가, 아니면 부정적이었는가?

기도 회고를 할 때 아래 몇 가지 사항에 유의하며 기도를 되돌아보도록 한다.

1. 독서하기 위한 성경과 필기구 그리고 노트 이외에는 가지고 들어가지 않도록 한다. 기도 중에 혹시 마음에 떠오르는 깨달음이 올라온다고 할지라도 중간에 기록하려 하지 말고 독서에만 온전히 집중하도록 주의한다.
2. 정한 기도 시간이 다 지나고 독서를 마친 후 기도 회고를 하기 전에, 기도 중에 일어났던 것들을 마음속으로 어느 정도 정리하고 나서 그 자리를 떠나도록 한다.
3. 기도 후 기도 회고를 할 때는 장소를 바꾸어서 다른 곳에서 생각을 정리하고 노트 필기를 한다.
4. 기도 회고를 할 때는 추상적인 글을 쓸 필요가 없다. 기도 노트는 남을 위해 쓰는 것이 아니라 나 자신의 영적 성장을 위해 쓰는 글이다. 꾸미거나 과장할 필요 없이 있는 그대로 단순하고 명확하게 작성하는 것이 중요하다. 오랜 세월이 흘러서 이 글을 다시 읽을 때, 그때의 기도 내용을 다시 떠올릴 수 있을 만큼만 작성하면 된다.

Note

둘째 주 수련은 첫째 주와 동일한 방식으로 수련해 보자.

기도의 길잡이

[이번 주 기도 주제]

주님께서는 기도하기 전에 용서하라고 가르치셨다.

> **복음 구절** 마르코 11:20~25: 말라 버린 무화과나무의 교훈

기도 회고

첫째 주 방식과 동일하게 기도 내용을 되돌아본다.

Note

셋째 주 수련

셋째 주부터는 실제로 성독을 연습하는 수련을 해 본다. 둘째 주와 같은 방식으로 기도한다. 일수일에 **3번 이상 수련**을 하며, 한 번 기도할 때마다 **30분 이상** 기도 수련을 한다. 기도가 끝난 뒤에는 마찬가지로 기도 회고를 한다.

기도의 길잡이 [22]

> **복음 구절** 요한 7:37~39 목마른 사람은 나에게 오라

- 먼저 자세와 호흡을 가다듬고, 하느님 현존을 느끼며 성령께 청원기도를 드린다.
- 성경 구절을 천천히 읽어 보자. 독서하면서 마음속 깊이 와닿는 구절이 있는지 주시하면서 읽도록 한다. 예를 들어, "목마른 사람은 다 나에게 와서 마셔라."라는 부분에서 마음이 움직였다면, 이 부분에서 읽는 것을 멈추고 묵상하도록 한다.

---

[22] 앤소니 드 멜로, 앞의 책, 132~135쪽. 앤소니 드 멜로 신부가 제시한 베네딕토식 기도의 예시를 응용하여 수록하였다.

묵상할 때 단순하게 머리로만 하지 말고 입으로 반복하여 읽도록 한다. 될 수 있는 한 지성을 쓰지 않고, 단순하게 문장을 반복해서 읽음으로써 그 말씀이 마음속 깊이 새겨지도록 노력해야 한다. 의미를 생각하지 않고 반복해서 읽는 것이 기도에 도움이 된다.

예를 들어 "목마른 사람은 다 나에게 와서 마셔라."를 계속 반복하다 보면 이 말들이 새롭게 들리는 시점이 있다. 그리고 계속 반복하다 보면 문장이 점점 짧아지면서 어느 순간 한 단어에 더 마음이 가게 된다. "목마른 사람은 다 나에게…", "다 나에게…"와 같은 식으로 바뀌는 것이다. 이렇게 반복해서 기도하면, 어느 순간 이 말씀이 깊이 있게 다가오면서 감동이 밀려오는 순간이 있다. 이 순간이 바로 위로의 순간이다. 위로의 순간을 찾았다면 이제 다음 기도로 넘어간다.

- 기도는 주님께 아뢰고 싶은 내용을 말씀드리는 단계다. 이때 주님의 현존에 머무르면서 감사의 기도를 드릴 수 있다.

예를 들어 "목마른 사람은" 부분에서 위로가 있었다면, "주님! 저도 목이 마릅니다. 저의 갈증을 채워 주십시오. 주님! 저는 목이 마를 때마다 주님께 청했지만 그 갈증을 채울 수가 없었습니다. 저의 갈증을 없앨 수 있도록 저를 도와주십시오. 주님! 당신께서 주시는 물을 마시기 위해서는 당신께 가까이 다가가고 싶은데, 다가갈 수 없도록 하는 큰 걸림돌이 제게 있습니다. 그 걸림돌을 없애 주십시오. 주님! 왜 저는 목마른 것조차 느낄 수가 없을 만큼 신앙이 식어 있는지 모르겠습니다. 저에게 갈증을 주십시오!"라고 기도할 수 있다.

또는 "다 나에게…" 부분에서 위로의 순간이 찾아왔다면, "사랑하는 주님! 정말 주님께 오면 다 생명의 물을 마실 수 있는 것입니까? 그 물을 마시는 사람은 차별이 없는 것입니까? 저 같은 죄인도 주님께서 부르시는 것입니까? 저도 마실 자격이 있는 것입니까? 주님께만 다 가면 해결이 되는 것입니까? 지금 저의 상황에서도 주님께 갈 수 있는 것입니까?"라고 기도드릴 수 있다.

- 기도하다가 집중력이 떨어지면서 자꾸 분심이 든다면, 독서를 멈춘 곳에서의 성경 구절을 다시 읽으면서 말씀에 집중하도록 한다. 그 글을 반복적으로 읽으면서 다시 마음속 깊은 곳에 다가오는 구절이 있는지 살펴본다.

기도 회고

1. 성독을 하면서 위로가 된 구절은 어느 부분이었는가? 위로가 되었던 이유는 무엇인가?
2. 위로가 되는 부분에서 반복적으로 성경을 되뇔 때 어떤 기분이 들었는가?
3. 기도에 들어갈 때 예수님께서 나에게 하신 말씀이 있는가? 있었다면 그 말씀을 듣고 난 후 나의 반응은 어떠하였는가?
4. 기도하면서 성경 말씀이 평소보다 더 생동감 있게 다가왔던 구절이 있었는가? 있었다면 왜 그랬다고 생각하는가?
5. 이 기도를 통해 예수님께서 나에게 요구하시는 것은 무엇일까? 지금 이 순간 나에게 하시고 싶은 말씀은 무엇이라고 생

각하는가?

6. 깊이 있게 다가온 말씀이나 구절(또는 단어)을 내 삶 안에 적용해 보자. 그리고 그 말씀이나 구절(또는 단어)이 내 삶을 어떻게 변화시켰는지 생각해 보자.

Note

넷째 주 수련

넷째 주에는 개인 독서 방식이 아닌 공동 독서 방식으로 성독을 훈련해 보자. **최소 40분** 이상 매일 수련하도록 하되, 만약 시간적 여유가 없다면 **일주일에 적어도 3번 이상**을 수련해야 한다.

공동 독서는 본당 공동체나 그 외 장소에서 여러 명이 함께 기도하는 방식으로, 성독을 이끌어 주는 지도자가 필요하다. 따라서 개인적으로 실습을 하기 전에 전체 과정을 지도자와 함께 실제로 충분히 연습하고 그 후에 개별적으로 다시 훈련해 보도록 한다.

기도의 길잡이 [23]

성독을 하기 위한 알맞은 장소를 정한다. 성당을 예로 든다면, 성당 내에 모든 불을 끄고 제대 위에만 조명이 비치도록 한 뒤, 제대 위에는 성경을 비치하고 촛불을 켠다. 성경 이외에 이콘이나 예수성심상을 두어도 도움이 된다.

---

[23] 허성준, 앞의 책, 298~301쪽. 허성준 신부가 『렉시오 디비나 II』 편에서 제시하는 성독 실습(공동기도)의 방법을 응용하여 수록했다.

준비가 되었다면 지도자 한 명이 성독의 전체 과정을 이끌도록 하며, 성경 구절을 낭독할 수 있는 3명의 독서자가 대기하면서 차례로 성경을 읽으며 성독을 진행한다.

1. 먼저 지도자는 본기도 전에 몸과 마음이 고요해질 수 있도록 참석자들이 조용히 침묵할 수 있는 시간을 마련하도록 한다.
2. 하느님의 현존을 의식하면서 말씀의 깊은 영적인 의미를 깨닫게 해달라고 성령께 청원 기도를 드린다.
3. 첫 번째 독서자는 독서대 앞으로 나와서 모든 신자가 들을 수 있도록 주어진 성경 본문을 정확하고 크고 천천히 읽으며 말씀을 선포한다. 주의할 점은 말씀 선포가 끝난 뒤에 "주님의 말씀입니다."하고 끝내지 말고 조용히 끝내도록 한다. 지도자는 선포된 말씀 전체를 떠올려 보도록 권고하면서 침묵의 시간을 갖도록 신자들을 이끈다.
4. 2~3분의 시간이 흐른 뒤에 두 번째 독서자가 독서대 앞으로 나와 주어진 성경 본문을 다시 처음부터 읽는다. 지도자는 선포된 말씀을 다시 떠올려 보도록 권고하되, 각자 마음속 깊이 다가오는 구절이나 단어가 있는지 주시하면서 말씀을 떠올릴 수 있도록 이끈다.
5. 2~3분의 시간이 흐른 뒤에 마지막 세 번째 독서자가 독서대

앞으로 나와서 같은 방식으로 성경 본문을 천천히 읽는다. 이때 지도자는 마음 깊이 와닿은 성경 말씀을 하나 선택한 뒤, 천천히 신, 망, 애 안에서 되뇌도록 권고한다. 이 세 번째 말씀 선포가 이루어진 다음에는 침묵 가운데 20~30분 정도의 묵상 시간을 갖는다.

6. 정해진 묵상 시간이 지나면 지도자는 마침을 알리는 종을 울린다. 종이 울리면 모든 신자가 자세를 바로 하고 하느님께 조용히 감사의 기도를 드릴 수 있도록 안내한다. 그리고 2~3분 후, 다 같이 주의 기도로 마무리한다.

[이번 주 기도의 복음 구절]

복음 구절   요한 4:1~42: 사마리아 여인의 이야기

기도 회고

첫째 주 방식과 동일하게 기도 내용을 되돌아본다.

Note

상상하며 기도하기 I:
인격적 관계 형성

4장

상상하며 기도하기 I:
인격적 관계 형성

도입

　이냐시오식 복음 관상의 핵심적인 도구는 바로 '상상력'이다. 앞선 2장의 '향심기도'가 상상력을 사용하지 않는 대표적인 기도 방식이라면, '이냐시오 관상기도'는 반대로 우리의 상상력을 활용하는 데 중점을 두는 기도 방식이다. 복음 관상에서의 상상이란 복음 구절을 읽을 때 복음 속 예수님의 행적을 인간의 상상력을 동원하여 똑같은 방식으로 재현해 보는 것을 의미한다.
　예를 들어 마르코 복음 10장에 나오는 바르티매오의 이야기를 살펴보자. 먼저 복음 구절을 읽고 전체적인 내용을 기억해 둔다. 그리고 복음 내용을 똑같이 상상하며 재현해 본다. 이때 나는 실제로 바르티매오가 되어 근처에 계시는 예수님을 직접 찾아본다. 근처에 계시다는 소리를 들은 나는 큰 소리로 예수님을 불러 본다. "다윗의 자손이시여, 저에게 자비를 베풀어 주십시오."

단순히 똑같이 재현하기보다는 예수님께 당신을 찾고자 하는 간절한 마음으로 나에게 자비를 베풀어 주십사 청해 본다. 예수님을 간절히 찾는 모습을 상상해 보는 것이다. 그리고 나서 예수님께서 나에게 질문하시는 모습을 상상해 본다. "내가 너에게 무엇을 해 주기는 바라느냐?" 이 질문에 직접 답을 해 본다. 현재 내게 가장 필요한 것을 말씀드려도 좋고, 치유가 필요한 부분을 이야기해도 좋고, 현 상황에서 가장 필요한 것을 주십사 청해도 좋겠다. 무엇이든 다 청해 보자.

상상력을 활용하여 기도하는 사람 중에서는 실제로 치유를 경험한 사람들이 많다. 상상력의 힘은 우리가 생각한 것 이상으로 강하다. 상상력을 활용하여 만난 예수님 앞에서 나의 아픔을 직접 드러냄으로써 부정적인 생각에서 벗어날 수 있고, 부정적인 생각들이 창조적이고 긍정적인 생각으로 채워짐으로써 하느님 치유의 능력을 기도 안에서 실제로 체험해 볼 수 있는 것이다.

복음의 내용을 상상력을 활용하여 기도함으로써 우리가 얻는 가장 큰 장점은 바로 예수님과 인격적인 관계를 형성할 수 있는 것이다. 윌리엄 배리 신부는 『하느님과 그대』에서 상상력을 활용하는 관상이 예수님과 관계를 맺는 데 여러 장점이 있음을 언급한다.

"복음서에서는 생생한 이야기가 아주 많이 담겨 있기에 특히 이렇게 상상을 이용한 관상에 적절하다. 예수님을 알아 가는데 가장 좋은 방법은 예수님께 당신을 드러내 보여 주십사 청하고 나서, 복음 구절을 읽고 우리의 상상력을 한껏 동원하는 것이다. 만일 우리가 시간을 들여서 이렇게 관상한다면, 우리는 점차 예수님이 어떤 분이신지, 그분이 무엇을 귀하게 여기고 사랑하시는지, 그분이 미워하는 것은 무엇인지 알게 될 것이다. 우리는 또한 복음 예화에 등장하는 인물 가운데 어떤 인물과 상상 속에서 동일시할지 알아보게 된다. 때로는 베드로의 역할을 맡아 베드로처럼 행세할 것이고 때로는 요한, 때로는 마르타, 때로는 부자 청년이나 바리사이처럼 행세할 것이다. 예수님께서 우리에게 살과 피를 가진 참사람으로 다가오실수록, 우리도 그분과 관계를 맺는 방법을 그만큼 더 많이 알게 된다."[24]

이냐시오식 복음 관상을 할 때 우리는 다양한 방식으로 상상

---

24 윌리엄 A. 배리, 이건 옮김, 『하느님과 그대』, 가톨릭출판사, 2009, 47쪽.

력을 기도에 적용해 볼 수 있다. 먼저 우리 삶의 현장에 예수님을 초대해 보는 것이다. 나의 과거 기억과 상상력을 동원하여 내 삶의 역사 안에서 함께 하신 예수님의 발자취를 따라가 볼 수 있다. 지난 나의 역사를 돌아보면서 기억에 남는 장소와 사람 그리고 사건 등을 다시 떠올림으로써 예수님께서 어떤 방식으로 우리와 함께하셨는지 상상력을 통해 되돌아볼 수 있다. 또한 상상력을 통해 재현된 나의 역사 안에서 나는 어떤 방식으로 사람들과 관계를 맺었는지, 특히 예수님과 어떤 방식으로 친밀한 관계를 형성해 왔는지도 떠올려 볼 수도 있다.

이렇게 기억과 상상력을 통해 우리는 예수님께 더욱 집중할 수 있다. 또 과거에 만났던 예수님이 아닌 지금 이 자리에 나와 함께 있는 예수님이 됨으로써 과거가 현재가 되도록 생생하게 재현하는 데 큰 도움을 준다. 우리는 기도 안에서 상상력의 힘을 빌려 예수님을 나의 삶 안으로 초대함으로써 언제든지 그분과 생생한 관계를 형성할 수 있다.

윌리엄 배리 신부는 인간의 상상력을 활용하여 기도하는 방법이 예수님과의 관계 개선과 발전에 크게 도움이 된다고 이야기한다. 예를 들이 나의 현재 삶의 자리에 예수님을 초대하여 상상력을 활용하여 기도할 수 있다. 아래 요한 묵시록의 성경 구절을 활용, 상상력을 사용하여 좀 더 생생하게 예수님을 기도 안에서 체험해 볼 수 있다.

"보라, 내가 문 앞에 서서 문을 두드리고 있다. 누구든지 내 목소리를 듣고 문을 열면, 나는 그의 집에 들어가 그와 함께 먹고 그 사람도 나와 함께 먹을 것이다."(묵시 3, 20)

먼저 눈을 감고 편안한 자세로 호흡을 균일하게 하며 침묵을 유지한다. 어느 정도 침묵이 되었다고 생각하면, 복도에 있는 나의 모습을 상상해 보자. 그리고 잠긴 문을 향해 천천히 걸어가 본다. 가까이 다가가서 보니 그 분에 이름이 적혀 있는 것을 발견할 수 있다. 자세히 보니 그 문에 적혀 있는 것은 내 이름이다. 내 방이므로 나만이 방문을 열 수 있는 열쇠를 가지고 있다. 이제 잠긴 문을 열고 들어간 후 문을 다시 잠가 본다.

방 안을 천천히 살펴보자. 방 모양이 어떠한가? 그 방을 어떻게 꾸미기를 원하는가? 방을 내가 원하는 방식대로 꾸며 보자. 방을 다 꾸몄다면 이제 방에 자리를 잡고 앉아 편하게 지금의 상황을 즐겨보자. 이때 누군가가 문을 두드리는 소리가 들린다. 가서 문을 열어 보자.

밖에서 문을 두드리는 사람은 예수님이셨다. 예수님의 모습을 천천히 살펴보자. 예수님께서는 나에게 들어가도 좋은지 물어보신다. 예수님을 나의 방으로 맞이하고 싶은가? 만약 안으로 예수님을 모시고 싶다면 나는 자리에 앉을 것인가, 서 있을 것인가? 어떤 방식으로 예수님을 대접하고 싶은가? 커피를 드리고 싶은가? 밥을 함께 먹고 싶은가? 어떻게 하고 싶은가? 되도록 그곳에서 원하는 만큼, 할 수 있는 만큼 오랫동안 예수님과 함께 머물러 보자.

그렇게 오랫동안 머물렀다면 이제 예수님께서는 떠나야 한다고 이야기할 것이다. 이때 나는 예수님께 계속 머물러 달라고 이야기할 것인가? 아니면 함께 가자고 요청할 것인가? 또는 잠시 혼자 시간을 보내기 위해 예수님 홀로 떠나 달라고 요청할 수도 있다.

마침내 그 방에서 나올 준비가 되었다면, 문을 잠그고 복도를 따라 내려간 뒤 천천히 다시 우리의 몸과 호흡을 깨우고 상상력을 멈춘 후 눈을 뜨고 기도를 끝낸다. 이렇게 기도하면 언제든지 원할 때면 예수님을 내가 살고 있는 현재의 삶의 장소로 초대할 수 있다는 장점이 있다.[25]

상상력을 이냐시오식 복음 관상에 적용해 볼 수 있는 두 번째 방법은 복음서 이야기 속으로 우리가 직접 참여하여 복음 속 등장인물이 되어 보는 것이다. 앞서 예로 든 바르티매오 이야기에서 우리는 구경꾼이나 참여자가 되어 기도하면서 상상력을 펼

---

25   위의 책, 88~89쪽.

용해 볼 수도 있다. 내가 직접 성경 속 인물인 바르티매오가 되어 보는 것이다.

나는 예수님께서 활동하셨던 그 당시 장소로 돌아가 태양의 따뜻함을 느낄 수 있을 것이다. 그리고 사람들이 걷고 있는 흙먼지의 냄새와 촉감도 느껴볼 수 있다. 주변 제자들의 반응도 느낄 수 있다. 제자들이 짜증 섞인 말투로 서로 나누는 대화도 들어볼 수 있다. 예수님께서는 길가에 있는 나에게 말을 건네신다. 그리고 예수님께서 나를 만지시는 손가락의 촉감을 느껴볼 수도 있다. 예수님의 땀 냄새를 맡고 그분의 목소리도 직접 들어볼 수 있다. 기적적으로 눈을 떴다면 예수님을 자세히 바라보도록 하자. 그분의 몸짓, 눈빛, 그리고 그분의 표정 등을 자세히 바라본다. 복음 안에서 이루어지고 있는 대화를 그대로 재현해 보거나 또는 복음 안에서 다루어지지 않더라도 예수님께서 하셨을지도 모르는 말과 행동을 계속 상상해 볼 수도 있다.[26]

이렇게 내가 복음 속 주인공으로서 기도 안에서 참여해 봄으로써 우리는 예수님을 단순히 지식적으로 알아가는 것 이상으로 생생하게 체험해 볼 수 있다. 지성적인 방법을 넘어서 마음으로 그분을 느낌으로써 깊은 인격적 관계를 형성할 수 있고, 최

26　데이비드 플레밍 SJ, 민윤혜경 옮김, 『이냐시오 영성이란 무엇인가?』, 이냐시오 영성연구소, 2020, 66쪽.

종적으로는 그분을 진정으로 따르고자 하는 열망이 생겨나는 것이다. 이처럼 예수님과 깊은 관계를 유도하기 위해 영신수련 전반에 걸쳐서 이냐시오는 상상력을 사용했다.

기도 수련

앞선 도입 부분에서 예로 들었던 예리코에서 눈먼 이를 고치신 예수님(마르 10, 46~52)의 이야기를 성경 구절로 선택하고 상상력을 활용하여 기도해 보자.

- 기도를 시작하기 전 잠시 침묵하면서 하느님 앞에 서 있는 상상을 해 본다. 그러고 나서 청원기도를 하는데, 이 기도를 통해 예수님과 깊은 인격적인 관계 맺기를 바라는 은총을 청한다.
- 먼저 복음 구절을 여러 번 크게 읽고 난 후에 복음 속 내용을 잘 기억해 둔다. 해당 구절을 전체적으로 3~5분 정도의 시간을 두고 천천히 읽는다. 이 기도를 하는 동안 전체 읽는 횟수는 천천히 세 번 이상이 좋다.
- 처음 읽고 난 후에 눈을 감고 그 장면에 해당하는 배경과 사람, 사물 등을 상상력을 활용하여 그려 보도록 한다. 너무 사세히 그리려 하지 말고 전체적인 윤곽만 그려 보는 것이 좋다.
- 다시 눈을 뜨고 두 번째로 성경을 읽는다. 두 번째로 읽을 때는 처음보

다 좀 더 세밀하게 복음 장면을 그려보도록 한다. 이때 상상력을 활용하여 복음 속 바르티매오가 직접 되어 본다.

- 마지막으로 세 번째 복음 구절을 읽고 난 후에 상상력을 사용하여 좀 더 상세하게 주변 상황과 배경, 사람 등을 그려보도록 한다. 그리고 주변 사람들과 대화하거나 행동해 보자. 이때 임의로 하지 말고, 복음 구절에 나와 있는 상황이나 대화 등을 그대로 재현하도록 노력한다. 복음 속 장면 중에서 기억나는 장면 위주로 상상력을 활용하여 기도하되, 장면이 자세하게 떠오르도록 마음을 모아 머무는 것에만 집중하도록 한다.
- 기도 중에 새롭게 발견한 내용이나 마음에 깊이 있게 다가온 장면이 있으면 잘 기억해 놓았다가 성찰 시간에 성찰해 보도록 한다. 질문거리가 생겼다면 예수님께 직접 질문을 해 보아도 좋다.
- 복음 속 장면에 내가 더 깊이 빠져들 수 있도록 4~5번 정도 읽고 난 뒤에 상상해도 좋다.
- 기도가 끝난 후에 성찰 노트를 꼭 적는다.

상상력을 활용하며 기도할 때 가장 주의해야 할 점은 인위적으로 내가 기도 내용을 이끌어 가도록 노력하지 않는 것이다. 이를 위해 다음 사항들을 주의하자.

- 졸지 않고 깬 채로 기도해야 한다.
- 상상력을 활용하여 기도할 때 영화 보듯이 장면들을 보는 데만 집중하

지 말고, 직접 복음 이야기 속에 참여하여 그 내용을 생생하게 재현해 보도록 한다. 이렇게 함으로써 복음 속 인물들과 자연스럽게 관계 맺을 수 있으며, 특히 복음 속 주인공인 예수님과 인격적인 관계를 맺는 데 크게 도움이 된다. 단순히 보는 것만이 아닌, 예수님의 말씀을 직접 듣고 그 들은 것에 대해 답해 봄으로써 대화에 직접 참여해 볼 수 있다. 또한 그들의 활동에 함께 함으로써 복음 속 이야기에 직접 참여할 수도 있다.

- 단순하게 복음 속 이야기에만 집중하도록 한다. 의도적으로 교훈을 얻으려고 하거나 어떤 복음의 내용에 대한 신학적 의미를 찾고자 노력하지 않도록 주의한다. 그리고 나의 상황에 복음 속 내용을 의도적으로 끼워 맞추려 애쓰지 않도록 한다. 복음에 나오는 등장인물들의 대화나 활동에만 집중함으로써 내가 그 구절 안에 온전히 몰입되도록 노력해 본다.

기도 회고

기도를 끝낸 후, 기도 안에서 일어난 일들을 회고하면서 성찰 노트에 작성해 보도록 하자.

1. 기도 안에서 어떤 일들이 일어났는가? 특히 나에게 무슨 일이 일어났는가?
2. 기도 안에서 깊이 있게 마음을 움직이게 했던 대화나 장면

또는 인물의 행동이 있는가?
3. 기도가 끝나고 난 후, 다시 돌아가서 기도해야겠다고 생각한 부분이 있는가?
4. 기도가 만약 잘되지 않았다면 그 이유는 무엇인가?
5. 전체적으로 기도가 어려웠던 부분은 어디인가? 그리고 그 이유는 무엇이라고 생각하는가?

실전 기도들

첫째 주 수련

첫째 주는 상상력을 활용하여 기도 실습을 연습해 보도록 한다. 본격적으로 상상력을 활용하여 기도에 들어가기 전 아래의 내용을 충분한 시간을 두고 **2~3번 정도 반복**하여 읽도록 한다. 그리고 기억력을 활용하여 전체 내용을 잘 기억해 놓고 기도에 들어가도록 한다. 예수님과 친밀한 관계를 맺기 위한 기도가 되기 위해서는 적어도 **일주일에 3번 이상** 실습해 보는 것이 중요하다.

전체 시간은 **약 40분 정도**를 설정한 후 기도에 들어간다. 먼저 아래 기도 내용을 10분간 충분히 읽은 후 전체적인 내용을 잘 기억해 놓는다. 다음 약 30분간 본격적으로 눈을 감고 상상력을 활용하여 기억해 놓은 내용을 다시 한번 떠올려 재현해 보도록 한다.

기도 내용을 미리 읽지 않도록 주의한다. 즉, 그 주에 해당하는 각각의 수련 내용은 반드시 그 주 기도하기 직전에 읽도록 한다. 또한 기도 중에 세부적인 내용이 기억나지 않는다고 해서 내용을 확인하기 위해 다시 눈을 뜨지 않도록 주의한다. 기억이 나지 않을 경우 상상력에 맡기며, 기도 안에서 활동하시는 예수님께 단순하게 집중하며 조용히 머물도록 노력한다.

기도의 길잡이

1. 눈을 감고 침묵을 유지한다. 마음을 차분하게 하기 위해 호흡을 균일하게 해 본다. 혹 차분함을 유지하기 어렵다면 호흡에만 집중하는 것도 도움이 된다. 어느 정도 마음이 차분해졌다고 생각하면 이제 본격적으로 상상력을 활용하여 기도해 보자.
2. 먼저 어릴 때 내가 가장 좋아했던 장소로 가 보자. 장소는 시

골의 오래된 기와집일 수도 있고, 오두막일 수도 있을 것이다. 어릴 때 자주 갔던 장소일 수도 있고, 놀이공원일 수도 있을 것이다. 과거 가장 행복했던 장소로 천천히 걸어가면서 주변을 바라보자. 주변에 무엇이 있는가? 어떤 소리가 들리는지도 집중해 보자. 주변에 어떤 사람들이 있는지도 천천히 살펴보자. 누구와 함께 있는지도 확인해 보자.

3. 이제 목적지에 도착했다면 누군가가 나를 향해 다가오는 것을 상상해 보자. 천천히 나에게 걸어오고 있는 사람이 예수님임을 곧 알 수 있다. 걸어오고 있는 예수님의 모습을 자세히 살펴보자. 옷은 어떤 옷을 입었는가? 눈 색깔은 어떠한가? 피부 색깔은 무슨 색깔인가? 손 모양은 어떠한가? 그 외 예수님에 관해 눈에 들어오는 부분이 있는지 천천히 살펴본다. 충분히 살펴보았다면 이제 예수님이 나의 손을 잡고 가장 편안한 장소로 이동하는 것을 상상해 보자.

4. 가장 편안한 장소로 이동하는 동안 주변 환경을 잘 살펴보도록 하자. 그 장소에 도착한 후, 예수님과 가장 편안한 시간을 보내도록 한다. 충분한 시간을 갖고 예수님과 대화하며 시간을 보내자. 예수님과의 대화 말미에 예수님께서 내게 중요한 말씀을 해 주신다.

"내가 지금까지 만났던 이들 중에

가장 사랑하는 사람이 바로 너다."

그 말씀을 들은 내 안에서는 어떤 감정이 일어나는가? 나는 어떻게 예수님께 답했는가? 나의 감정을 단순한 감정만으로 놔두지 말고 반드시 대답해 보도록 노력한다.

5. 오랜 대화가 끝난 뒤에 예수님께서 나를 부드럽게 안아 주신다. 예수님의 포근한 품에 안겨본다. 예수님께 안긴 상황에서 예수님의 부드러운 손길을 느껴보도록 하자. 그리고 예수님의 호흡 소리를 들어보자. 예수님께서는 안아 주시면서 어떤 말씀을 해 주실 수도 있고, 그저 아무 말씀 없이 안아 주실 수도 있다. 좀 더 나아가서 상상해 본다면, 내가 예수님을 직접 안아볼 수도 있다. 상상 안에서 마음 가는 대로 따라가 보도록 하자. 예수님과의 포옹을 통해 당신의 현존을 가슴으로 느껴보도록 한다. 예수님의 여운이 사라질 때까지 계속 품에 안긴 상태에서 자연스럽게 기도를 끝내도록 한다.

기도 회고

앞선 수련에서 기도 회고의 내용을 그대로 활용하도록 한다. 그리고 필요하다면 아래의 내용을 추가해도 좋다.

1. 기도 안에서 예수님께서 하신 말씀 중에 마음에 와닿는 말씀은 무엇인가? 그 말씀에 나는 무엇이라고 응답했는가? 기도 중 예수님과 나눈 대화를 집중해서 회고해 보자.
2. 예수님과 나와 만남을 통해 마음 안에 와닿은 장면이 있었는가? 그 장면 안에서 나는 무엇을 느꼈는지 생각해 보자.
3. 이 기도를 통해 치유가 이루어진 부분이 있는가? 이루어졌다면 어떤 부분인가?
4. 과거의 기억 중에 이 기도를 통해 떠오른 어떤 기억이 있는가? 있다면 예수님께서 왜 보여 주셨다고 생각하는가?
5. 이 기도를 통해 내 삶에서 변화된 부분이 있는가? 또는 변화하고 싶은 부분이 있는가?

Note

둘째 주 수련

지난주 했던 상상의 기도를 다시 반복해서 훈련해 보도록 한다. 둘째 주 수련은 첫째 주 수련 방식과 동일하게 한다. **매일 40분간** 훈련하되, 10분 동안 아래의 상상해야 할 내용을 충분히 읽고 기억해 놓은 뒤 30분간 상상력을 활용하여 기도해 본다. **일주일에 3번 이상**은 실습하는 것이 도움이 된다. 40분 동안의 기도가 끝난 후에는 기도 회고를 **15분 동안** 한다. 기도 회고는 첫째 주 수련과 동일한 방식으로 한다.

그 주에 기도할 내용만 읽고 다른 주 기도 내용은 미리 읽지 않도록 한다.

기도의 길잡이 [27]

1. 기도하기 위해 잠시 침묵한 뒤, 하느님의 현존을 의식해 보도록 한다.
2. 어느 조각가가 나를 조각했다. 완성된 조각이 공개되기 전에 조각실에서 그것을 내가 먼저 볼 수 있게 되었다. 조각가는

---

27 앤소니 드 멜로, 앞의 책, 106쪽.

그 조각이 있는 방의 열쇠를 나에게 건네어 준 뒤 나에게 직접 들어가서 봐도 좋다고 이야기했다. 그래서 나는 직접 들어가서 그 조각을 혼자서 얼마든지 자세히 볼 수 있다. 나는 그 조각을 볼 생각이 있는가? 조각을 볼 생각이 없다면 그 상황에서 나는 무엇을 하겠는가?

3. 나는 조각가가 조각한 나의 얼굴을 확인해 볼 생각이다. 문을 열어 본다. 방 안은 캄캄하고 조각은 검은색 천으로 덮여 있다. 나는 천천히 조각이 있는 곳으로 다가가 조각을 덮은 천을 벗겨 본다.

4. 천을 벗기고 난 뒤에 그 조각을 천천히 바라보자. 첫인상이 어떠한가? 자기 얼굴에 만족하는가? 또는 실망했는가?

그 조각품을 자세히 훑어보자. 조각은 얼마나 큰가? 재료는 무엇인가? 무슨 색깔인가? 입, 눈, 코, 귀 등을 자세히 바라보자.

조각 주위를 한 바퀴 돌아보자. 그리고 다른 각도에서 그 조각품을 살펴보자. 멀리 서서 또 가까이 가서 자세히 훑어볼 수도 있다. 차이점을 느낄 수 있는가?

이제 조각을 만져보자. 어떤 느낌인가? 거친가? 아니면 부드러운가? 차가운가, 따뜻한가? 그 조각에서 마음에 드는 부분이 있는가? 있다면 어느 부분인가? 또는 마음에 들지 않는 부분이 있는가?

이제 조각에 말을 걸어보자. 조각이 대답을 하는가? 또는 아무 말이 없는가? 조각의 대답에 나는 무엇이라고 응답했는가? 조각에 할 말이 있다면 계속 이야기를 나누어 보도록 하자.

5. 충분하게 대화를 나누었다는 생각이 든다면 조각에 작별 인사를 한 뒤 그 방을 나온다.
6. 기도를 끝낸 후에 주의 기도로 기도를 마무리한다.

기도 회고

첫째 주 수련의 회고와 동일한 방법으로 기도를 되돌아본다.

Note

셋째 주 수련

지난주 했던 조각의 기도와 비슷한 방식으로 반복하여 훈련해 보도록 한다. 수련 시간은 **40분**으로 동일하며, 10분 동안 아래에 상상해야 할 내용을 충분히 읽고 기억해 놓은 뒤 30분간 상상력을 활용하여 기도해 본다. 40분 동안의 기도가 끝난 후에는 15분 동안 기도를 회고한다. 기도 회고는 첫째 주 수련과 동일한 방식으로 한다. 전체적으로 **일주일에 3번 이상**은 수련해야 영적 성장에 도움이 된다.

기도의 길잡이 [28]

1. 기도하기 위해 잠깐 침묵하며 하느님의 현존을 의식해 보도록 한다.
2. 지난주와는 달리 이제 내가 직접 조각이 되어 본다. 조각이 된 후의 기분이 어떠한가? 만족하는가, 만족하지 못하는가? 만족하지 못한다면 이유는 무엇인가?
3. 내가 조각이 된 상황에서 예수님께서 방으로 들어오셨다고

---

[28] 앤소니 드 멜로, 앞의 책, 106~107쪽.

상상해 본다. 예수님께서 어떤 눈으로 나를 바라보고 있는가? 나를 바라보고 있는 예수님을 보고 있는 나는 어떤 기분이 드는가? 조각인 나를 바라보며 예수님께서 무언가 말씀하실 수도 있다. 무어라 말씀하시는가? 그 말씀에 나는 무엇이라고 응답하는가? 예수님과 하고 싶은 대화를 자유롭게 나누어 보자.
4. 얼마 후, 예수님께서 방을 나가신다. 이제 조각에서 떨어져 나와 나 자신으로 돌아온 뒤, 그 조각을 천천히 바라보자. 조각에 어떤 변화가 있는가? 아니면 그대로인가? 변화가 있다면 구체적으로 어떤 것인가? 구체적인 변화를 느끼지 못했다면 그 조각을 바라보는 내 마음을 잘 살펴보자. 마음의 변화가 있는가? 있다면 어떤 변화인가? 왜 그런 변화가 생겼다고 생각하는가?
5. 마지막으로 조각에 하고 싶은 말이 있다면 하고 난 뒤, 주의 기도를 드린 후 눈을 뜨고 기도를 마친다.

기도 회고

첫째 주 수련의 회고와 동일한 방법으로 기도를 되돌아본다.

Note

넷째 주 수련

이제 마지막 수련으로 앤소니 드 멜로 신부가 제안한 상징적 공상[29]의 기도를 실습해 보자. 앞선 수련들과 마찬가지 방법으로 기도한다. 10분간 아래의 내용을 읽으면서 전체적인 내용을 잘 기억해 둔다. 이어서 30분간 상상력을 활용하여 기도한다. 기도 이후에는 15분간 똑같은 방식으로 기도를 회고한 뒤, 노트에 작성해 보도록 한다.

기도의 길잡이

1. 기도하기 위해 잠깐 침묵하면서 하느님의 현존을 의식하도록 한다.
2. 이제 장소와 시간, 등장인물을 설정해 본다.

   [장소]
   넓은 도시가 내려다보이는 산꼭대기에 혼자 앉아 있다고 상

---

29 앤소니 드 멜로, 앞의 책, 104쪽. 앤소니 드 멜로 신부가 제시한 상징적 공상의 기도를 편안하게 기도할 수 있도록 새롭게 재구성하여 기도의 길잡이로 제시하였다.

상해 보자. 이 장소는 어렸을 때 내가 직접 가본 곳일 수도 있고, 드라마나 영화 속에서 본 곳일 수도 있다. 또는 실제의 장소가 아닌 상상의 장소여도 무방하다. 가장 마음이 편안하고 기분이 좋은 장소를 선택하자. 그리고 주변 배경을 자세히 바라보면서 어떤 기분인지 느껴보도록 하자.

[시간]
조금 있으면 해가 질 시간이다. 곧 어두워질 예정이기에 도시에 하나둘씩 불빛이 점점 많아지는 것을 볼 수가 있다. 그 광경을 잘 지켜보면서 마음이 고요해짐을 느껴보도록 하자.

[등장인물]
이제 곧 내 등 뒤에서 발자국 소리가 나는 것을 들을 수 있다. 나는 그 발자국 소리가 그 지역에 사는 거룩한 천사의 것임을 잘 안다. 그 천사가 천천히 나에게 다가와 내 곁에 선다. 그는 나를 부드러운 눈길로 바라보면서 오늘 저 아래 마을로 내려가 예수님을 찾아보라고 권한다. 이때 그 천사의 외양을 천천히 살펴보도록 한다. 천사의 목소리도 들어본다. 어떤 느낌인가?

3. 천사의 말이 끝나자마자 그 천사는 내가 질문할 시간도 주지 않고 그 자리에서 사라져 버렸다. 아무 설명도 없이, 질문할

시간도 없이…. 당신은 그 천사가 어떤 말을 했는지 잘 기억하고 있는가? 그 천사가 나에게 말해주고 싶었던 말이 무엇이라고 생각하는가? 그 천사의 말을 듣고 난 뒤 나의 기분이 어떠했는가? 그 천사의 말대로, 마을로 내려가 보고 싶은 마음이 드는가? 아니면 지금 그 산 위에 그저 머물며 계속 마을 아래만을 바라보고 싶은가?

4. 어떤 결정을 내렸는가에 상관없이 이제 산 위에서 산 아래로 내려가 보도록 한다. 그리고 마을로 내려가서 예수님을 찾아본다. 산에서 내려갈 때에는 급하게 앞만 보며 내려가지 말고 주변 경치를 천천히 바라보며 내려가도록 한다. 산에서 내려가면서 드는 기분은 어떠한가?

5. 드디어 마을 번화가에 도착을 했다. 이제 여기에서 예수님을 찾기 위해 어느 방향으로 가야 할지 결정해야 한다. 나는 지금 어디로 가고 싶은가? 장소를 택할 때는 가야만 한다거나 해야만 하는 장소로 간다고 생각하지 말고 그냥 마음이 움직이는 곳으로 결정해서 가 본다. 그곳에 도착한 뒤에 아래 기도 회고에 해당하는 질문에 알맞게 답해 보도록 한다.

6. 만약 그 장소에서 예수님을 만났다면, 예수님과 깊은 대화를 나누어 보도록 한다. 대화의 내용은 그 어떤 것이어도 좋다. 평소에 예수님께 하고 싶었던 대화를 진솔하게 나누어 보도

록 하자.
7. 만약 그 장소에서 예수님을 만나지 못했다면, 예수님이 아닌 다른 누가 있었는지 잘 살펴보도록 한다. 아무도 없었다면 조금 더 예수님을 기다려 보다가 기도를 천천히 마무리 짓도록 한다.
8. 예수님과의 만남이 충분히 이루어진 뒤에는 마침 기도로 주의 기도를 드린 후에 이 기도를 끝내도록 한다.
9. 기도를 끝낸 후에는 아래 기도 회고에 해당하는 질문들에 답하며 기도를 되돌아보는 시간을 가지도록 한다.

기도 회고

첫째 주 수련의 회고와 동일한 방법으로 기도를 되돌아보되, 아래의 질문을 추가하여 기도를 다시 한번 점검해 본다.

1. 예수님을 찾았는가? 만약 찾았다면 어떤 식으로 찾았는지 설명해 보자. 예수님을 찾은 후, 당신의 감정은 어떠했는가? 위로가 되었는가, 아니면 실망했는가?
2. 예수님이 계시는 장소에 도착해 보니 어떤 일이 벌어졌는가? 만약 예수님이라는 확신이 들지 않는 사람을 보았다면 그 사

람은 누구인가? 내가 아는 사람인가, 아니면 알지 못하는 사
람인가?

3. 예수님이 계시는 장소에서 나는 무엇을 하였는가? 또 무슨 일이 생겼는가?

4. 예수님을 찾지 못했다면, 당신은 기도 안에서 어떻게 했는가? 다른 곳으로 가보았는가? 간다면 어디로 가 보았는가? 아니면 그 자리에 계속 머물며 예수님을 더 기다렸는가? 기다렸다면, 기다리는 동안 무슨 생각을 했나?

Note

5장

상상하며 기도하기 II:
용서

5장

상상하며 기도하기 II : 용서

도입

상상력을 활용하여 복음을 관상하게 되면 때때로 예상치 못한 치유를 경험하기도 한다. 이번 장에서는 4장에 이어서 이냐시오식 복음 관상을 본격적으로 연습하기 위해 상상력을 활용하여 기도하는 훈련을 계속해 보도록 하겠다. 이를 연습하기 위해 이번 장에서는 '용서'라는 주제로 실습해 보자.

복음서 안에서 언급되는 예수님의 친구 중에 죄인이 많다는 사실은 역사적으로 너무나도 잘 알려져 있다. 이러한 사실은 4

복음서의 내용만 자세히 읽어 보더라도 쉽게 알 수 있다. 용서를 받아야 할 대상인 죄인이 예수님과 함께 복음 속 핵심 등장인물이라는 사실만 보더라도 용서가 그리스도교 안에서 얼마나 중요한 위치를 차지하고 있는지 간접적으로 이해할 수 있다.

"세리들과 죄인들이 모두 예수님의 말씀을 들으려고 가까이 모여들고 있었다. 그러자 바리사이들과 율법 학자들이, '저 사람은 죄인들을 받아들이고 또 그들과 함께 음식을 먹는군'하고 투덜거렸다."(루카 15, 1~2)

"예수님께서 그(레위)의 집에서 음식을 잡수시게 되었는데, 많은 세리와 죄인도 예수님과 그분의 제자들과 자리를 함께하였다. 이런 이들이 예수님을 많이 따르고 있었기 때문이다."(마르코 2, 15; 참조: 마태 9, 10; 루카 5, 29)

"사람의 아들이 와서 먹고 마시자, '보라, 저자는 먹보요 술꾼이며 세리와 죄인들의 친구다'하고 너희는 말한다."(루카 7, 34; 참조: 마태 11, 19)

복음서 안에서 언급되고 있는 여러 인물 중 특히 세리, 죄인 그리고 병자가 예수님과 어울리며 많은 활동을 하였고, 실제로도 자신의 집에 초대하여 예수님을 대접했다는 사실을 우리는 잘 알고 있다. 물론 예수님께서는 그들의 초대에 기쁘게 응하셨고, 함께 식사를 나누며 진정한 친구로서 친교 나누기를 즐겨 하셨다. 대표적으로 자캐오 이야기를 자세히 살펴보면 이를 확인할 수 있다.

자캐오는 예리코의 원로급 세리로, 경제적으로 결코 가난한 사람이 아니었다. 물론 불법적으로 재물을 모으기는 했지만, 어쨌든 제법 큰 재산을 가지고 있었다. 그러나 그는 직업 때문에 많은 이로부터 따돌림당했고, 결국 다른 이들에게 죄인으로 낙인찍힐 수밖에 없는 처지였다. 당시 사회적으로 명망이 있거나 높은 자리에 있는 사람들은 세리와 같이 죄인으로 여겼던 사람의 집에 들어가거나 그와 함께 만찬을 하지 않았다. 하지만 예수님은 달랐다. 자캐오가 예리코의 악명 높은 죄인임을 아셨음에도 불구하고 그의 초대에 기쁘게 응했다. 예수님은 그들의 모임을 소중히 여겼고, 함께 어울리는 것을 절대 꺼리지 않으셨다.[30]

이렇듯 성경에서 예수님께서는 죄인을 진정한 친구로 여기셨기에 우리 또한 죄인으로서 예수님 앞에 다가가 용서를 청할 수 있고, 용서를 받을 수 있는 것이다. 무엇보다도 예수님의 용서에 대한 자비하심을 내가 받아들이기만 한다면 언제든지 아무런

---

30 앨버트 놀런, 정한교 옮김, 『그리스도교 이전의 예수』, 분도출판사, 2016, 69~73쪽.

조건 없이 다른 이들 또한 용서할 수도 있다.

우리가 자신의 죄와 잘못에 대해 하느님께 용서를 청하지 않는다면 그리고 용서하시는 하느님의 사랑을 체험해 보지 못한다면 다른 이들을 용서한다는 것은 사실 어려운 일이다. 왜냐하면 사랑과 마찬가지로 용서 또한 자신이 가지지 않았다면 다른 이에게 주는 것 또한 불가능하기 때문이다. 결국 하느님의 자비를 체험한 사람만이 기도 안에서 진정한 용서의 의미를 깨달을 수 있으며, 용서받은 체험이 있는 사람만이 다른 이들 또한 용서할 수 있다. 용서는 쉽지 않지만, 십자가에 못박힌 예수님께서 아무런 죄 없이 우리를 위해 돌아가심으로써 먼저 용서의 모범을 우리에게 보여 주셨기에, 우리 또한 기도하는 사람으로서 다른 사람을 용서할 수 있어야만 한다.

잃어버린 아들에 관한 이야기(루카 15, 11~32)에서 아버지는 작은 아들이 고향을 떠나 재산을 탕진한 일에 관하여 묻거나 따지지 않았고, 아들의 무책임한 행동에 대해서도 분노하지 않았다. 오히려 아들이 하루빨리 돌아오기만 기다렸다. 그리고 그 아들이 무사히 돌아오자, 아버지는 아들의 무사 귀환을 기뻐하며 환영해 주었다. 그뿐만 아니라 아들과의 관계 회복에 만족하며 축제를 벌인다. 이렇듯 잃어버린 아들의 이야기를 통해서 우리는 용서란 무조건적인 특성이 있는 것임을 알 수 있다.

우리가 사랑으로 용서하면서 흔히 어려움을 겪는 가장 큰 이유는 무엇일까? 용서하기 위해서는 반드시 조건이 있어야 한다고 생각하기 때문이다. 예를 들어 우리는 용서하기 이전에 "그 사람이 마음을 바꾼다면 나는 용서할 수 있습니다." "그가 나에게 용서를 청하고 자신의 잘못을 인정한다면 나는 용서할 수 있습니다." "용서하겠습니다. 하지만 그 사람들이 나에게 안겨준 고통은 절대로 잊지 않겠습니다."와 같은 조건을 상대방에게 내민다. 그러나 앞서 언급한 바와 같이 예수님께서는 우리를 조건 없이 용서하셨기 때문에 우리 또한 타인을 조건 없이 용서해야 한다. 복음은 아무 조건이 붙지 않는 용서만이 진정한 용서임을 우리에게 알려준다.

용서에 대한 조건을 내거는 사람들은 보통 상대방을 걱정하는 마음에서 그가 변화되기를 진정으로 희망하기 때문에 조건을 내건다고 이야기한다. 그러나 그것은 단지 나의 판단에 따른 것일 뿐, 어떤 의미에서는 용서하고 싶은 마음이 전혀 없거나 기분이 내키지 않는 것일 뿐이다. 결국 용서의 가장 큰 장애물은 바로 용서하기 위한 조건을 우리가 늘 내세운다는 점이다.

예수님께서는 늘 조건 없는 용서를 우리에게 가르쳐 주셨다. 조건 없이 용서하기 위해서는 우리 스스로가 자신의 상처를 먼저 자각하고 난 뒤, 그것을 인정하는 데서부터 시작해야 한다.

어떤 의미에서 용서를 베푼다는 것은 곧 내가 느끼는 고통보다는 나에게 잘못을 저지른 사람과의 새로운 관계 개선이 더욱 중요한 가치임을 깨달았음을 의미한다. 이렇듯 서로 간의 관계 개선을 위해서도 용서는 매우 중요하다.

그렇다면 우리는 어떻게 상대방을 쉽게 용서할 수 있을 것인가? 무조건적인 용서를 위해 우리에게 우선 필요한 것은 무엇일까? 용서에 앞서 우리에게 필요한 것은 바로 나 역시 하느님께 용서받아야 하는 죄인이며, 나 또한 다른 이들에게 이미 많은 상처를 준 사람임을 겸손하게 인정하는 일이다. 스스로가 하느님 앞에서 죄인임을 인식하지 못하는 사람은 자신 또한 용서받아야 하는 존재임을 깨닫지 못한다. 결국 나 스스로 죄인임을 아는 것이 용서의 첫걸음이자 동시에 용서하는 사람들의 선제조건이라 할 수 있다.

용서할 때 가장 큰 걸림돌은 마음의 상처를 견뎌내는 것이다. 큰 상처를 받은 사람은 자신을 힘들게 하는 상처가 영원히 사라지기를 바라지만, 마음의 상처는 쉽게 사라지지 않고 따라서 잊는 것도 쉽지 않다. 단지 상처에 대한 기억만 조금씩 치유될 수 있을 뿐이다. 이렇게 자기 안에서 치유가 이루어지기 위해서는 가슴 아팠던 사건을 꼭 필요했던 일로 받아들여야만 한다. 상처의 원인이 되었던 사건을 받아들이는 동시에 이러한 사건이 나의 영적 성장에 꼭 필요한 일이었음을 깨닫는 것도 중요하다.

　용서하기 위한 기도의 시작은 예수님의 십자가 아래에서 용서를 청하는 상상을 하는 것이다. 이러한 상상이 용서하기 위한 기도의 유일한 방법은 아니지만 용서를 위한 기도를 하고자 하는 초보자들에게는 매우 효과적인 방법임에는 틀림없다.

　골고타 언덕에서 십자가의 길을 걷고 계시는 예수님을 그려 보자. 상상력을 동원하여 예수님의 상처를 바라보며 나를 위해 당신의 고통을 견디고 계신 예수님의 고통을 체험해 보자. 타인을 용서하기 이전에 먼저 나의 삶 속에 그분의 용서하심을 체험해 보자.

　예수님의 용서하심을 받아들인 후에, 용서에 대한 체험을 다른 이들에게 확장해 볼 수도 있다. 화해해야 할 사람이 십자가 위에 못박히신 예수님 아래에 서 있는 모습을 상상해 보자. 단순히 장면을 바라만 보지 않고, 지성과 감성을 써서 그리고 가능하다면 의지적으로 그 장소에 나도 함께 있어 보도록 하자. 이렇게 머물면서 십자가 아래에서 벌어지는 진정한 용서를 체험해 보자.[31]

31　B. M. 미한, 앞의 책, 27~33쪽.

도입 부분에서 설명했던 십자가에 달리신 예수님 앞에 서서 용서를 청하는 기도를 상상력으로 활용하여 실습해 보도록 하자. 이 부분은 용서에 대한 기본적인 강의를 듣기 이전에 실습해 보기를 권장한다.

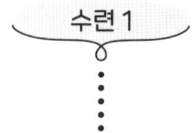

십자가 아래에서의 용서 1

- 기도를 시작하기 전 잠시 침묵하면서 하느님 앞에 서 있는 상상을 해보자. 그러고 나서 **이 기도를 통해 용서를 통한 치유의 은총이 나에게 내려지기를** 하느님께 청하는 청원기도를 한다.
- 먼저 2~3분 정도 십자가에 매달리신 예수님을 바라보자. 십자가를 주시하면서 예수님의 모습을 있는 그대로 느끼며 잠깐 머물러 본다.
- 이제 눈을 감고 내가 미워하는 사람(또는 용서해야 하는 대상)이 내 바로 앞에 앉아 있거나 또는 마주 보고 앉아 있다고 상상해 보자. 그 사람을 보면서 현재 느끼는 감정(예를 들어 화, 분노, 원망 등)을 있는 그대로 상대방에게 표현해 보도록 하자.

- 감정을 충분히 표현했다고 생각한다면, 현재의 상황을 상대방의 입장에서 한번 바라보자. 감정이입을 통해 상대방이 느낄 수 있는 감정들을 느끼도록 노력해 보자. 그리고 과거의 사건이나 나와의 관계를 상대방의 입장에서 설명할 수 있도록 노력해 보자.

    상대방은 어떤 감정을 느꼈을까? 상대방이 나에게 상처를 준 주된 이유는 무엇일까?

- 이제 십자가에 매달려 계신 예수님을 다시 바라보도록 한다. 그분의 육체적인 고통과 더불어 가장 친한 이들에게 배반당한 마음의 상처에 따른 고통을 떠올려 보자.

    못이 박힌 예수님의 손과 발을 자세히 늘여다보자. 머리에 눌려 씌워신 가시관도 자세히 보자. 고통에 짓눌려 한숨짓는 예수님의 숨소리도 들어 보자.

    십자가 아래에 있는 주변 사람들을 천천히 되돌아보자. 성모님과 사랑하는 제자들이 슬퍼하고 있는 모습을 지켜보자. 예수님의 죽음을 아무렇지 않게 바라보며 큰 소리로 떠들고 있는 군인들의 모습도 지켜보자.

- 마지막으로 십자가 아래에서 지금 이 순간 내가 예수님께 하고 싶은 말을 충분한 시간을 갖고 해 보자. 머물고 싶은 만큼 머물며 대화하고, 충분히 머물렀다고 느꼈다면 주의 기도로 기도를 마무리하자.

기도 회고

기도를 끝낸 후, 기도 안에서 일어난 일들을 다시 정리해 보자.

그리고 아래의 질문들을 회고하며 성찰노트에 작성해 보자.

1. 십자가 위에서 고통스러워하며 나를 지켜보고 계신 예수님을 바라보는 나는 어떤 감정이 들었는가?
2. 예수님을 바라볼 때 긍정적인 감정이 올라왔는가, 부정적인 감정이 올라왔는가? 그런 감정이 올라온 이유는 무엇이라고 생각하는가?
3. 예수님을 바라보면서 그분을 위로하고 싶은 생각이 드는가? 어떻게 위로하고 싶은가?
4. 십자가 위 예수님과 대화하면서 가슴 깊이 울림이 있었던 대화가 있었나? 또는 감동적인 장면이 있는가? 있었다면 어떤 것인가? 구체적으로 서술해 보자.
5. 상처를 준 상대방과 삼자대면이 이루어졌을 때 어떤 일들이 벌어졌는가? 구체적으로 서술해 보자.
6. 십자가 아래의 인물 중 마음속 깊이 남아 있는 인물이 있는가? 있다면 그 이유는 무엇인가?
7. 나의 삶 안에서 예수님으로부터 용서의 치유를 받아야 하는 부분이 있는가?

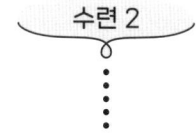

십자가 아래에서의 용서 2

- 기도를 시작하기 전 잠시 침묵하면서 하느님 앞에 서 있는 상상을 해 본다. 그러고 나서 이 기도를 통해 용서를 통한 치유의 은총을 주시기를 청하는 청원기도를 한다.

- 먼저 2~3분 정도 십자가에 매달리신 예수님을 상상해 보자. 십자가를 주시하면서 예수님의 모습을 있는 그대로 느끼며 잠깐 머물러 본다.

- 2~3분이 지났다면, 예수님의 십자가 아래로 천천히 다가가는 상상을 해 보자. 십자가에 매달리신 예수님을 바라보며 나의 솔직한 감정을 예수님께 표현해 보도록 한다. 예를 들어 나의 마음속에 있는 원망이나 분노, 화, 실망, 아쉬움 등을 예수님 앞에 꺼내어 보여드린다. 내가 상처 받은 부분과 그 상처에 어떻게 반응하고 대처해 왔는지 될 수 있는 한 구체적으로, 모든 방법을 동원하여 표현해 보도록 한다.

  나의 분노나 원망하는 마음을 예수님께 보여드리는 동안 시간을 제약을 받을 필요는 없다. 스스로 충분하다고 느낄 만큼 많은 시간을 할애한다.

- 나의 마음을 충분히 다 표현했다고 느꼈다면, 이어서 예수님께서 나에게 하시는 말씀에 귀 기울여 들어 본다. 마찬가지로 충분한 시간을 갖고 조용히 머물며 십자가에 달리신 예수님의 말씀에 귀 기울여 보도록 한다. 충분히 머물렀다는 생각이 든다면, 이제 나의 상처와 고통을 위

로해 달라고 예수님께 청해 보자.

- 이제 내가 미워하는 상대방이 십자가에 달리신 예수님께 다가오는 모습을 상상해 보자. 상대방은 골고타 언덕 위에 서 있는 나에게 걸어 올라오고 있다. 그가 십자가에 못박히신 예수님 아래에 다다른 후 예수님을 바라보는 모습을 옆에서 지켜보는 동안 내 안에서는 어떤 감정이 올라오는지 잘 살펴본다. 그 상대에게 예수님께서는 어떤 말씀을 하시는가?

- 십자가에 못박히신 예수님의 용서가 나에게 와닿는 모습을 나름대로 상상해 보도록 하자. 나 자신과 용서가 필요한 상대방을 사랑의 눈으로 바라볼 수 있는 은총을 예수님께 간절히 청하며 기도 안에서 오랫동안 머물러 보자.

- 충분히 머물렀다 생각한다면, 예수님께서 나와 상대방 모두에게 하시는 용서의 말씀에 귀 기울여 보도록 하자.

"아버지, 그를 용서하십시오. 그는 자신이 무슨 짓을 하는지 알지 못합니다."

"아버지, 그녀를 용서하십시오. 그녀는 자신이 무슨 짓을 하는지 알지 못합니다."

"아버지, 그들을 용서하십시오. 그들은 자신들이 무슨 짓을 하는지 알지 못합니다."

이 기도에 온전히 마음을 집중하여 예수님과 함께 내가 미워하는 상대를 용서하기 위한 기도를 바쳐 보자. 그 상대를 향한 나의 마음이 온전하게 용서로 가득 찰 수 있게 해 달라고 예수님께 간절히 청하자.

- 마지막으로 십자가에 매달려 계신 예수님의 눈을 들여다보자. 그분의

눈을 오랫동안 바라보며 상대방에 대한 나의 마음과 생각 그리고 감정을 예수님께 솔직히 고백해 보자. 충분히 고백했다면, 내가 미워하는 그 사람의 눈을 들여다보며 나의 진실한 마음을 그 사람에게 전달해 보자.

기도 회고

기도를 끝낸 후, 기도 안에서 일어난 일들을 다시 정리하기 위해 아래의 질문들을 회고하며 성찰노트에 작성해 보자.

1. 이 기도를 하면서 어떤 감정들이 올라왔는가? 감정이 올라왔던 상황과 그 감정이 어떤 것인지 차례대로 정리해 보자.
2. 나를 치유해 주기 위해 예수님께서 하셨던 말씀 중에서 가장 마음에 와닿은 것은 무엇인가?
3. 기도 이후 내가 미워했던 사람에 대한 감정이 변했는가? 어떻게 변했는가?
4. 이 기도 이후 나와 상대방과 관계를 개선하기 위해 어떤 구체적인 조치를 취하고 싶다는 마음이 생기는가? 만약 그렇다면 구체적으로 어떤 것인가?
5. 상대방을 용서하기 위한 구체적인 행동을 취하고 싶은가? 예를 들어, 나에게 상처를 준 그 사람에게 편지를 보내 보거나

식사에 초대하는 것 등이 있을 것이다. 또는 그 사람 모르게, 그 사람을 위한 선행을 실천해 보는 것도 좋다.

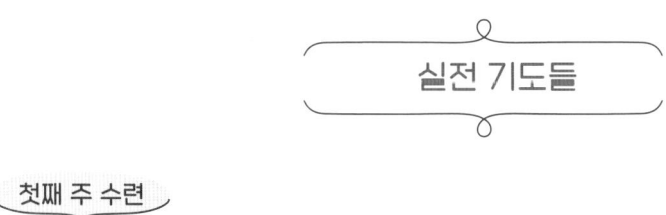

실전 기도들

첫째 주 수련

첫째 주는 과거의 체험 안에서 치유 받는 기도를 실습해 보도록 한다. 이러한 종류의 기도를 존 벨트리 신부는 그의 책에서 '기억의 치유' 또는 '심리적 치유'라는 이름으로 제시한다. 예수님께서는 과거, 현재, 미래에 걸쳐 모든 순간에 계시기에 우리가 과거로부터 받은 좋지 않은 영향까지도 치유해 주실 수 있다. 이러한 믿음으로 과거 체험 안에 존재하는 상처까지도 예수님을 통해 치유될 수 있다는 사실을 기도를 통해 체험해 보도록 한다.

본격적으로 상상력을 활용하여 기도에 들어가기 전, 아래의 내용을 충분한 시간을 두고 <u>2~3번 정도 반복</u>하여 읽은 후 기도 준비를 충분히 하고 본기도에 들어가도록 한다. 과거의 체험을 치유 받기 위해서는 적어도 <u>일주일에 3번 이상</u> 실습해 보는 것이 좋다.

전체 시간은 **약 40분 정도**로 설정한 후 기도에 들어간다. 먼저 아래 기도 내용을 10분간 충분히 읽은 후 순서대로 내용을 잘 기억해 놓는다. 다음 약 30분간 본격적으로 눈을 감고 상상력을 활용하여 기억해 놓은 내용을 다시 한번 떠올려 재현해 본다.

기도 내용을 미리 읽지 않도록 주의한다. 그 주에 해당하는 각각의 수련 내용은 반드시 그 주 기도하기 직전에 읽도록 한다. 또한 기도 중에 세부 내용이 기억나지 않는다고 해서 내용을 확인하기 위해 다시 눈을 뜨지 않도록 주의한다. 기억이 나지 않을 경우 주님께 맡긴 채 상상력을 충분히 활용하여 기도하며, 그 안에서 활동하시는 예수님께 단순하게 집중하며 조용히 머물도록 노력한다.

기도의 길잡이 [32]

1. 눈을 감고 잠깐 침묵 중에 머무른다. 시간이 어느 정도 흘렀다고 생각하면 하느님의 사랑 안에서 상대방을 용서하기 위한 치유의 은총을 간절히 청해 본다.

---

[32] 존 벨트리, 앞의 책, 64~68쪽. 존 벨트리 신부가 제시한 기억의 치유 기도를 요약 후, 새롭게 재구성하여 기도의 길잡이로 제시하였다.

2. 이제 성령께 나에게 **지금 영향을 미치는 과거의 나쁜 체험에 대한 기억을 잘 떠올릴 수 있게 도와달라**고 청한다. 그리고 잠시 동안 그 기억이 떠오를 수 있도록 조용히 기다려 본다.
3. 기억이 떠올랐다면 단순히 과거의 사건을 기억나는 대로 다시 재현해 보자. 이때 **예수님과 함께** 그 기억 속으로 되돌아가서 그때 일어났던 일을 상상력을 사용하여 재구성해 본다.
4. 예수님과 함께 과거 기억의 장소로 되돌아갔을 때 나에게 상처를 준 이들이 예수님을 보고 당황하거나 자책하는 모습을 상상해 보자. 그 장면을 옆에서 목격해 보자. 이때 예수님이 그들을 용서하시면서 서로 사랑하며 이해하는 사람이 되라고 타이르시는 것을 볼 수가 있다. 그 장면을 바라보며 어떠한 느낌이 드는지 잘 살펴보며 잠깐 머물러 본다.
5. 뒤이어 예수님께서는 나를 돌아보시며 그 당시 내 행동은 이상한 것이 아니었고 오히려 나에게 상처를 준 이들이 잘못되었다고 일러주시는 모습을 상상해 보자. 예수님의 깊은 사랑을 느낄 때까지 충분히 머물러 본다.
6. 마지막으로 나를 사랑해 주시고 치유해 주신 예수님께 감사드린다.
7. 주의 기도를 하고 나서 기도를 마친다.

기도 회고

앞선 수련 1과 2의 기도 회고의 내용을 그대로 활용하도록 한다. 필요하다면 아래의 내용을 추가해도 좋다.

1. 기도 중 예수님과 나눈 대화를 집중해서 회고해 보자. 기도 안에서 예수님께서 하신 말씀 중에 마음에 와닿은 것은 무엇인가? 그 말씀에 나는 무엇이라고 응답했는가?
2. 예수님과의 만남을 통해 내 마음 안에 와닿은 장면이 있었는가? 그 장면 안에서 나는 무엇을 느꼈는지 생각해 보자.
3. 이 기도를 통해 치유가 이루어진 부분이 있는가? 이루어졌다면 어떤 부분인가?
4. 이 기도를 끝낸 뒤 결심한 것이 있는가? 만약 있다면, 구체적으로 어떤 것인가?

Note

둘째 주에는 내 마음 안에 응어리져 있는 한을 치유하는 기도를 실습해 보자. 사람들은 보통 한을 풀고 싶어 한다. 한을 풀려면 그것을 자기 밖으로 내보낼 방법을 알아야 하는데, 어떻게 해야 하는지 알지 못하기 때문에 한을 품고 산다. 따라서 마음 안에 새겨져 있는 한으로부터 자유로워지기 위한 기도를 자주 해 보는 것이 좋다.

기본적인 기도 방법은 앞서 제시한 기도 방법들과 유사하다. 상상력을 활용하여 기도하되, 기도 준비에 많은 시간을 할애한다. 본기도에 들어가서는 자신이 원망하는 사람이 자기 앞에 있다고 상상한 뒤 그에게 내가 맺힌 한이나 분노를 될 수 있는 한 모두 말해 보도록 한다. 교양 있거나 체면을 차리며 말할 필요도 없이 있는 그대로 분노를 표출하는 것이 좋다. 필요하다면 욕할 수도 있다.

그렇게 상대방에게 나의 한을 쏟아냈다면, 나를 화 나게 했던 전체적인 사건을 상대방의 관점에서 생각해 보자. 상대방의 입장에서 그 사건을 상세히 설명해 보는 것도 좋다. 쌓아 놓았던 한을 풀기 위해서는 적어도 **일주일에 3번 이상** 실습해 보는 것이 좋다.

전체 시간은 **약 40분 정도**로 설정한 후 기도에 들어간다. 먼저 아래 기도 내용을 10분간 충분히 읽은 후 순서대로 내용을 잘 기억해 놓는다. 이어서 약 30분간 눈을 감고 상상력을 활용하여 기억해 놓은 내용을 다시 한번 떠올리며 재현해 보도록 한다.

앞선 1주 차에서도 언급했던 바와 같이 기도 내용을 미리 읽지 않도록 주의한다. 그 주에 해당하는 각각의 수련 내용은 반드시 그 주 기도하기 직전에 읽어야 한다. 또한 기도 중에 세부적인 내용이 기억나지 않는다고 눈을 떠서 기도 내용을 다시 확인하지 않도록 주의한다.

기도의 길잡이 [33]

1. 눈을 감고 잠시 침묵한다. 침묵 중에는 어떤 것을 떠올리려고 애쓰지 않고 그저 무념무상의 상태에서 호흡만 고르게 한다.
2. 나의 생각이 어느 정도 가라앉았다면, **예수님의 은총으로 나의 깊은 한을 치유해달라**고 간절히 청해 본다.
3. 이제 상상력을 활용하여 십자가에 달리신 예수님을 그려 보자. 충분히 시간을 갖고 예수님을 생생하고 자세히 바라보도

---

[33] 앤소니 드 멜로, 앞의 책, 91~93쪽. 드 멜로 신부가 제시한 "한을 풀어 버리기" 기도를 새롭게 각색하여 기도의 길잡이로 제시하였다.

록 한다.
4. 십자가에 달리신 예수님 앞에 충분한 시간 동안 머물렀다면, 이제 내가 원한을 품게 되었던 과거로 돌아가서 잠시 그 장면에 머물러 보자.
5. 충분히 머물렀다고 생각이 든다면, 다시 십자가에 못박히신 예수님의 장면으로 돌아와 그분을 바라보도록 한다. 내가 한을 품게 된 사건과 십자가 위의 예수님을 번갈아 바라보자.
6. 이렇게 번갈아 두 장면을 바라보는 것을, 내 안에 원한이 조금씩 사라지고 새로운 자유로움이나 기쁨을 맛보며 마음이 가볍다고 느껴질 때까지 반복한다.
8. 마지막으로 나의 한을 치유해 주신 예수님께 감사드린다.
9. 주의 기도를 하고 나서 기도를 마친다.

기도 회고

앞선 수련 1과 2의 기도 회고나 첫째 주 수련의 기도 회고를 참고하여 기도 내용을 되돌아본다. 기도 회고가 끝나면 반드시 노트에 작성하도록 한다.

Note

셋째 주 수련

셋째 주에는 과거 고통스러웠던 기억을 치유하며 고통을 준 이를 용서하는 체험을 하기 위한 기도를 실습해 보자. 이 기도를 하려면 고통스러웠던 과거를 되돌아보는 연습을 해야 한다. 예를 들어 부모와의 관계에서 문제가 있었다면 어린 시절 문제가 있었던 사건으로 되돌아간다. 사생활이나 직장에서 고통의 원인이 되었던 일을 경험했다면 구체적인 그 사건의 시점과 장소로 되돌아간다.

심하게 싸우거나 다퉜다면 기억을 떠올리기 어렵기에 기도하기 전 충분한 청원기도를 통해 고통스러웠던 기억을 잘 떠올릴 수 있도록 용기를 주십사 주님께 기도해야 한다. 특히 과거의 기억과 그 당시 느꼈던 감정에 집중할 수 있도록 충분한 시간적 여유를 두면서 기도하는 것이 중요하다.

앞선 기도와 마찬가지로 일주일에 **3번 이상 반복**하여 실습하는 것을 권하며, **약 40분** 동안 기도를 하는 것이 적절하다. 10분 정도 충분한 시간을 두고 기도 준비를 한다. 이어서 30분 동안 상상력을 활용하여 준비했던 기도를 통해 순차적으로 내용을 떠올려 재현해 보도록 한다. 기도 시 주의사항은 2주 차와 동일하다.

기도의 길잡이 [34]

1. 기도를 시작하기 전 잠시 눈을 감고 침묵하며 **하느님 사랑 안에 머물며 상대방을 용서할 수 있는 용기를 주십사 치유의 은총**을 간절히 청해 본다.
2. 이제 성령께 **나에게 지금 영향을 주고 있는 과거의 고통스러웠던 기억을 잘 떠올릴 수 있게 도와달라고 청한다.** 그리고 잠깐 그 기억이 떠오를 수 있도록 조용히 기다려 본다.
3. 여러 떠오른 기억 중에서 뚜렷하게 가슴이 아팠던 기억이 있다면 그 아픈 기억에 잠깐 집중해 보자. 이때 가능한 한 그 한 가지 사건의 세부적인 내용들을 떠올리며 내가 느끼는 감정을 가만히 들여다보자. 어떤 종류의 감정인지 파악한 후에 그 감정들을 예수님 앞에 솔직하게 털어놓자.
4. 나의 마음을 아프게 했던 기억과 관련된 사람과 이야기해 보자. 그리고 그 당시 내가 느꼈던 감정을 그 사람에게 솔직하게 털어놓자. 충분한 시간을 두고 털어놓는 것이 좋다.
5. 이제 상상의 상황 속으로 예수님을 초대해 보자. 예수님께서 지금 이 상황을 보시고 무엇이라고 말씀하시는지 귀 기울여

---

[34] B. M. 미한, 앞의 책, 22~25쪽. 기억을 치유하는 기도 부분을 새롭게 재구성하여 기도의 길잡이로 제시하였다.

들어 보자.
6. 예수님의 말씀을 들은 뒤, 나의 솔직한 감정을 예수님께 표현해 보자. 나의 기억 속에 개입하신 예수님께서 베푸시는 사랑을 열린 마음으로 받아들여 보자.
7. 마음에 깊은 상처로 남은 그 사건과 사람과 나를 치유하기 위해 예수님께서 하시는 말씀이나 행동에 마음을 열고 받아들일 수 있도록 노력해 보자.
8. 마지막으로 나를 사랑해 주시고 치유해 주신 예수님과 하느님께 감사드린다.
9. 주의 기도를 하고 나서 기도를 마친다.

기도 회고

1. 전체적으로 기도 안에서의 느낌은 어땠는가?
2. 처음 아픈 기억의 내용을 떠올린 후, 느낀 감정들(기도의 길잡이 3의 내용) 중 어떤 감정들이 올라왔는지 구체적으로 떠올려 보자. 예를 들어 분노, 시기심, 절망, 증오심, 두려움 등을 느꼈을 수 있다.
3. 나를 치유하기 위해 예수님께서 하신 말씀이나 행동 중에 기억에 남는 것이 있는가? 있다면 구체적으로 무엇인가?

4. 나에게 고통을 안겨준 사람에게 예수님께서 하신 말씀이나 행동 중에 기억에 남는 것이 있는가? 있다면 구체적으로 무엇인가?
5. 기도 안에서 고통을 준 그 사람을 용서하는 경험을 했는가? 만약 아직 경험하지 못했다면 원인이 어디에 있다고 생각하는가?
6. 기도를 마친 후 예수님과의 만남을 통해 내가 내린 결론은 무엇인가?

Note

넷째 주 수련

    마지막 주에는 과거 내가 상처받았던 부분에 대한 분노나 화에 대한 치유를 체험하는 기도를 연습해 보도록 한다. 우리 삶을 얽매고 있는 고통으로부터 해방되기 위해서는 어둠의 터널을 반드시 통과해야 한다. 신앙생활 안에서의 치유란 결국 예수님의 손길을 벗어나서는 이루어질 수 없는 것임을 체험해야 한다.

    마르코 구찌 신부에 따르면 우리의 어둠에 따른 치유와 평화를 체험하기 위해서는 반드시 말씀의 빛이 있어야 한다고 강조한다. 그 이유는 우리의 어둠에 따른 부정적인 것을 파헤치기 위해서가 아니라 "어둠의 영역에서 통합이 가능한 것이 무엇인지 식별"하기 위해서다. 이렇게 할 때에 비로소 우리는 삶 안에서 자주 겪게 되는 고집이나 나쁜 습관 등을 성찰하여 없애려 노력하고 또한 여기에서 멈추지 않고 고통을 사랑으로 승화시킬 수 있기 때문이다.[35] 따라서 이번 마지막 수련을 통해 나의 어둠에 대면하기 위한 기도를 충실히 연습해 보도

---

35 마르코 구찌, 김화순 옮김, 『나에게 건네는 평화』, 바오로 딸, 2022, 203~204쪽.

록 하자.

셋째 주 기도 방식과 동일하게 일주일에 **3번 이상 반복**하여 실습하는 것을 권하며, **약 40분** 동안 기도를 하는 것이 적절하다. **10분** 정도 충분한 시간을 두고 기도 준비를 해야 하며, **30분** 동안 상상력을 활용하여 준비했던 기도를 통해 순차적으로 내용을 떠올려 재현해 보도록 한다. 기도 시 주의 사항은 3주 차와 동일하다.

기도의 길잡이 [36]

1. 기도를 시작하기 전 잠시 눈을 감고 침묵하며 하느님 사랑 안에 머물면서 나의 어둠에 용기 있게 대면할 수 있게 해 달라고 은총을 청해 보자.
2. 이제 성령께 최근에 일어난 일들 가운데 억울하고 분했던 과거의 고통스러웠던 기억을 잘 떠올릴 수 있게 도와달라고 청한다. 그리고 잠깐 그 기억이 떠오를 수 있도록 조용히 기다려 본다. 화나고, 상처 입고, 두려웠던 그 상황에 집중해 보도록 한다.
3. 이제 나 자신에게 다음과 같이 질문해 본다.

36　위의 책, 210~212쪽.

"네가 원하는 것이 무엇이길래 그렇게 화를 내는 것인가?"

잠시 뒤, 화난 감정을 자기 생각이 있는 사람처럼 대해 보자. 화난 이유를 나 스스로가 대답할 수 있도록 기다려 본다. 무의식에 머물러 있던 화가 수면 위로 떠오를 때까지 시간을 갖고 기다리자. 이렇게 함으로써 화난 나의 감정 안에 담겨 있는 생각을 알아차릴 수 있다. 다만 화의 원인을 이성적이고 논리적으로 분석하지 않도록 주의한다.

4. 이제 화가 난 내가 눈에 덮여 있는 산속 오솔길을 천천히 올라가고 있다고 상상해 보자. 나를 둘러싸고 있는 산속의 맑고 신선한 공기를 들이마셔 보자. 그런 다음 나 자신에게 다음과 같이 질문해 본다.

"네가 정말로 원하는 것이 무엇이니?"

"뭐가 부족하니?"

"화를 내면서까지 나에게 알리고 싶은 중요한 무언가가 있는 거니?"

화가 난 내가 대답해 보도록 한다. 머릿속에서 먼저 답을 찾으려 하지 말고, 오히려 화난 부분 깊은 곳에서 올라오는 답을 기다려 보자.

5. 이제 산 정상에 올라서 보자. 평화롭고 고요하다. 이어서 예

수님께서 나에게 다가오신다. 그리고 예수님께서는 나에게 다음과 같이 말씀하신다.

"두려워하지 마라. 너를 판단하지 않는다.
네가 하고 싶어 하는 이야기를 듣고 싶구나.
네 마음 깊은 곳에서
네가 원하는 것이 무엇인지 이제 말해 보렴."

예수님의 목소리에 귀를 기울이다 보면 평안함과 사랑의 따뜻함이 느껴지게 될 것이다. 그리고 그러한 현재 내 마음의 상태를 예수님께 솔직하게 고백해 보도록 하자.

6. 마지막으로 나를 사랑해 주시고 치유해 주신 예수님께 감사드린다.
7. 주의 기도를 하고 나서 기도를 마친다.

기도 회고

앞선 셋째 주 기도 회고와 동일한 방식으로 기도 내용을 되돌아본다. 기도 회고가 끝나면 반드시 노트에 작성하도록 한다.

Note

6장

상상하며 기도하기 Ⅲ:
상처와 치유

6장

상상하며 기도하기 Ⅲ:
상처와 치유

도입

이냐시오식 관상기도를 신자들과 함께 연습하다 보면 상상력을 활용하며 기도하는 것이 생각보다 쉽지 않다고 호소하는 경우를 많이 본다. 대부분이 자신들의 상상력 부족에서 어려움의 원인을 찾지만, 실제로는 다양한 원인이 문제가 되는 경우가 많다. 특히 자기 삶 안에서 해결되지 않은 분심이 기도의 큰 장애물로 작용할 때가 있다. 그중에서도 마음 깊은 곳에 자리잡은 관계 안에서의 깊은 상처가 기도에 영향을 미치는 경우가 생각보다 많다.

마음 안에서 해소되지 않은 큰 상처들은 하느님과의 관계 또한 어렵게 만든다. 이 때문에 하느님과 나의 인격적인 관계가 기도 안에서 왜곡된 형태로 나타나게 되고, 시간이 흐르면서 이러한 부정적인 것들이 우리의 삶에서 드러날 수밖에 없다. 따라서 이번 장에서는 '상처와 치유'라는 주제로 상상력을 활용하여 기도하는 방법을 소개하고자 한다.

기도와 삶은 동떨어진 것이 아니다. 빌 쇼크 신부의 표현에 따르면 "우리의 삶이 곧 기도다."[37] 우리가 무질서한 삶을 살면 기도 또한 무질서해질 수밖에 없다는 이야기다. 이러한 이유에서 이냐시오 성인도 올바른 영적인 수련을 하기 위해서는 "자기 자신을 이기고 어떤 무질서한 애착에도 이끌림이 없이 생활에 질서를 세우는 것"이 무엇보다 중요하다고 영신수련 [21]번에서 밝히고 있다. 무질서한 삶의 원인이라 할 수 있는 약함과 상처를 열린 마음으로 하느님 앞에 펼쳐 보일 때 비로소 우리의 내적 치유가 시작된다. 또 이렇게 기도함으로써 우리는 하느님과 이웃과 그 밖의 모든 피조물과의 관계도 올바르게 정립시킬 수 있다.

일반적으로 우리가 기도를 잘할 수 없는 상황이라면 먼저 마음을 잘 들여다보면서 기도하는 데 장애물이 되는 원인을 찾아내는 것이 급선무다. 보통 고통 속에 있을 때, 불안과 근심스러운

---

37 빌 쇼크, 앞의 책, 89쪽.

상황들 때문에 고통의 원인에만 관심이 집중될 수밖에 없다. 따라서 힘들더라도 우선 그러한 고통의 원인이 될 수 있는 실마리를 내 마음 안에서 내려놓으려 노력해야 한다.

그렇다면 이러한 것들을 내려놓기 위해서 우리에게 요구되는 바는 무엇인가? 바로 하느님과 대화를 통해서 이루어지는 그분과의 '관계 회복'이다. 상처의 원인을 빨리 떨쳐버리는 것이 좋다는 사실은 머리로는 알지만, 현실적으로 한순간에 떨쳐 내기란 쉽지 않다. 보통은 미련을 두면서 과거에 상처받은 상황에 계속 머물러 있기 마련이다. 그 주된 이유는 '일어나지 않았으면 좋았을 걸…' 같은 후회나, 상처 준 사람을 향한 분노와 화가 내 마음 안에 계속 남아있기 때문이다. 그러나 우리는 기도를 통해 하느님과의 관계 회복을 천천히 해 나가면서 과거의 고통을 하느님께 쉽게 봉헌할 수 있다.

기도는 우리가 끈질기게 집착하고 있는 과거의 고통에서 벗어나 하느님께 온전히 내 마음을 내맡길 수 있도록 도와준다. 그렇게 내 마음을 봉헌함으로써 우리는 불안과 근심을 달래 주시는 하느님의 무한한 사랑을 발견할 수 있게 된다. 그리고 우리가 겪었던 많은 고통 안에서 하느님께서 늘 함께하셨음 또한 느낄 수 있다. 그 고통 안에서 머물고 계셨던 하느님의 현존을 체험함으로써 우리는 알 수 없는 하느님의 신비를 동시에 깨달을 수 있는 것이다.

마음의 상처로 인해 형성된 불안과 분노 등이 우리 삶을 차지하고 있을 때, 우리는 기도를 통해서 하느님께서 그것들을 알아서 물러가게 해 주시도록 간절히 기도하지만, 이것들이 쉽게 물러가지 않을 때도 많이 있다. 이러한 상황을 빌 쇼크 신부는 "하느님께서 우리에게 불순종을 멈추기를 바라는 마음"일 가능성이 크다고 설명한다. 즉 하느님께서 우리에게 원하시는 것은 그 원인으로부터 해방되어 현재를 기쁘게 살아가는 것이다. 그럼에도 그 과거의 원인에 미련을 갖고 자꾸만 집착하면서 우리의 뜻만을 고집하게 되는데 그것이 곧 하느님에 대한 불순종으로 이어진다는 것이다.

이렇듯 마음에 상처가 머물러 있는 것을 '불순종'이라 정의할 수 있다. 이는 곧 하느님의 뜻과 나의 뜻이 부딪히는 경우를 의미한다.[38] 물론 하느님의 관점에서는 불순종이지만, 우리의 관점에서 본다면 주님과 맞서는 것이다. 이렇게 주님과 맞서게 될 경우 우리는 우리 뜻대로 일이 풀리지 않음을 체험하게 되고 그에 따라 화가 나거나 분노하게 된다. 이때 우리가 선택할 수 있는 유일한 방법은 그분의 목소리에 귀를 기울이며 순종하는 마음을 가지는 것이다.

---

38   위의 책, 89~90쪽.

보통 상처를 받으면 우리는 대부분 현재를 살아가기보다는 과거에 머물러 있고자 하는 경향을 보인다. 왜냐하면 과거에 일어난 일들, 예컨대 과거에 상처받았던 일이나 후회스러웠던 감정들을 지속적으로 떠올리기를 좋아하기 때문이다. 그리고 반대로 화려했던 과거를 경험했다면 그 시절로 돌아가고 싶어 한다. 하지만 분명한 것은 과거는 더 이상 존재하지 않을뿐더러 현실도 될 수 없다는 사실이다.

과거를 아는 것이 우리에게 도움이 되는 경우도 있다. 과거를 되돌아봄으로써 현재 우리가 이 자리에 있게 된 과정을 성찰해 볼 수 있고, 현재의 내가 존재할 수 있게 된 이유를 깨닫게 해 주기에 가치가 있다. 그러나 실제로 우리가 존재하는 곳은 과거가 아닌 지금 여기다. 우리가 살아 있는 하느님을 만나고 그분의 현존을 체험할 수 있는 유일한 장소는 바로 지금이다. 결국 기도를 통해 나를 성찰하며 하느님의 현존을 체험함으로써 얻을 수 있는 가장 중요한 효과는 지금 이 순간, 바로 여기를 살아가도록 도와준다는 것이다. 과거의 상처와 감정을 벗어버리고 기도 안에서 오래 머물다 보면, 마침내 주님께서 주시는 지금이라는 소중한 선물만이 남을 것이다.

기도를 통해 상처를 직면하고 치유하기 위해서는 몇몇 단계를 거치는 것이 중요하다. 토마스 돕슨(Thomas Dobson)은 자신의 논문 「기도를 통한 치유」(『Chicago Studies』, 1984, 11월호, 301쪽)에서 내적 치유의 두 단계를 자세하게 언급했다.

먼저 과거 자신이 상처받았던 사실을 되돌아보면서 그에 대한 시각을 바꾸고 그 과거의 상처들이 현재의 나에게 영향을 미치지 못하도록 치유적 기도를 중점적으로 해야 한다. 이것을 돕슨 "교정적 치유"라고 정의 내린다. 첫 단계를 성공적으로 거치고 나면, 다음으로는 "발전적 치유" 단계에 들어간다. 이 단계에서는 현재 자신이 직면하고 있는 문제를 깊이 있게 바라다본 뒤, 사랑의 마음을 키우고 나서 그 사랑을 하느님과 이웃에 대한 사랑으로 발전시켜 나감으로써 내 주변의 모든 이웃과의 관계를 그리스도 중심으로 바꾸어야 한다고 강조한다.[39]

과거 나의 상처를 되돌아보기 위해서는 앞서 언급한 바와 같이 하느님 앞에 우리의 상처들을 내보이는 것이 급선무다. 의사가 환자의 병을 고치려면 진단을 잘 내려야 하는데, 진단을 잘 내리려면 환자가 자신의 상태나 아픈 증상을 의사에게 자세히 설명해 주어야 한다. 마찬가지로 마음의 상처를 치유하기 위해서는 고통의 원인이 되는 과거 사건이나 기억을 내 마음 안에서 집중시켜 잘 파악하고 난 뒤, 그것을 주님께 펼쳐 보이고 상세하게 설명해야만 한다. 이렇게 힘으로써 고통스러웠던 과거에 주님

---

[39] B. M. 미한, 앞의 책, 199쪽.

께서 우리와 우리의 이웃에게 어떠한 치유의 힘을 발휘해 주셨는지 되돌아볼 수 있다.

또한 만약 주님의 치유하는 힘을 느끼지 못했다 할지라도, 기도를 통해 우리가 그 치유를 깨닫지 못했거나 받아들이지 않았던 이유를 깨달을 수 있다. 그리하여 주님께서 우리를 치유하시고자 하셨던 깊은 사랑을 깨달을 기회도 얻을 수 있다. 그렇게 우리의 기억 안에서 예수님은 당신의 사랑을 드러내 보이시고, 우리는 과거 고통스러웠던 순간에 결코 혼자가 아니었음을 마침내 깨닫게 된다.

이러한 교정적 치유에서 가장 중요한 것은 내 마음속에 오랫동안 머물러 있었던 '후회, 불안, 분노' 등의 감정을 쏟아내는 것이다. 즉 나를 오래 고통스럽게 했던 '감정'을 모두 예수님께 드러내면서 힘들게 느꼈던 그 '외로움'을 자각하고, 동시에 그 힘들었던 순간에도 주님께서는 언제나 나와 함께 해 주고 계셨음을 깨닫는 것이다. 결국 "교정적 치유"의 단계에서 중요한 것은 주님께서 상처받은 나와 늘 함께하고 계셨음을 느끼는 것이라 할 수 있다.

"교정적 치유"의 단계를 거쳐 형성된 예수님과의 관계에 대한 신뢰는 드디어 하느님에 대한 사랑과 이웃에 대한 사랑으로 발전하게 된다. 인간은 하느님께 치유받아야 할 존재이기도 하지만, 동시에 다른 이를 치유할 수 있는 하느님 사랑의 도구들이기도 하다.[40] 그렇기에 예수님의 사랑을 이웃에게 전해주는 절대적인 도구 역할을 할 수 있는 존재는 다름 아닌 우리 자신이다. 하느님 사랑의 도구로 활용되기 위해 필요한 것은 하느님께 용서받은 체험이다. 이 부분은 앞서 5장에서 이미 강조했다. 용서받은 체험이 우리에게 중요한 이유는 이웃 사랑의 시작인 용서할 마음을 가지고 있는 사람은 스스로가 하느님께 용서받은 존재임을 알고 있고, 따라서 이웃에 대한 용서 또한 어려운 일이 아님을 알기 때문이다.

  우리가 우리의 잘못에 대해 하느님의 용서하시는 사랑을 경험하지 못했다면 다른 이들을 용서하는 것은 불가능하다. 왜냐하면 사람은 자신이 가지고 있지 않은 것을 타인에게도 줄 수 없기 때문이다. 우리가 저지른 과오에 대해 하느님의 무한한 사랑을 경험하게 되면, 우리 또한 다른 이들을 용서할 힘을 얻게 됨을 알 수 있다. 결국 나에게 상처 준 이를 포함하여 나에게 고통을 준 이웃을 위해 기도하지 않고는 진정으로 기도한다고 말하기 어렵다. 그런 의미에서 예수님께서도 성경에서 "너희를 박해하는 사람을 위하여 기도하여라."라고 간절히 당부하신다. 따라서 우리는 자신에게 상처를 주는 사람을 통해서도 그리스도를

---

40 위의 책, 204쪽.

발견할 수 있어야 하며, 동시에 그들을 그리스도로 대하며 살아갈 수 있어야 한다.

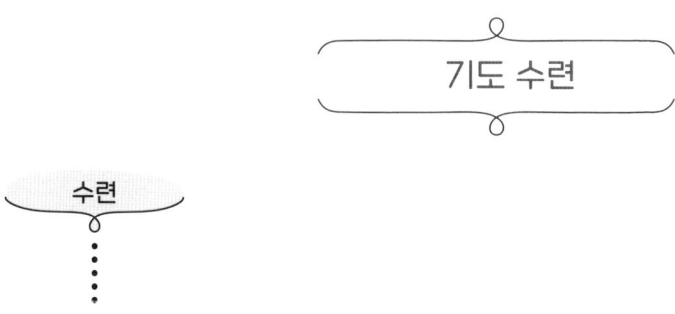

수련

자신의 상처를 치유받으려면 과거 자신의 상처에 대해 예수님과 깊이 있게 대화를 나누어야 한다. 그러려면 자신의 상처를 예수님 앞에 펼쳐 보여서 내 마음 안에 어떤 상한 감정이 있는지 구체적으로 들여다보고 각각의 상처를 예수님께서 치유해 주시도록 청해야만 한다. 따라서 이번 수련에서는 상상을 통해 자신의 상처를 직면하는 동시에 예수님과 함께 그 상처를 바라보며 치유를 경험해 보도록 하자.

- 잠시 침묵 가운데 하느님의 현존을 느껴보자. 치유해 주시는 하느님 사랑의 손길이 내 마음 안에 온전히 머무르기를 바라며 하느님 사랑이 나와 함께 하기를 청해 보자.

- 침묵 안에서 나의 마음이 가라앉았음을 느꼈다면, 잠깐 나의 삶을 되돌아보면서 최근 지속적으로 내 마음 안에서 떠오르는 생각들을 잘 살펴보자. 떠오르는 생각 중에서 가슴 아픈 기억들이 있는지 살펴보고, 만약 있다면 어떤 것인지 조용히 떠올려 보자. 단, 모든 것을 기억하려 노력하지 말고, 한 가지 아픈 기억에만 온전히 집중하며 바라보자.
- 그 한 가지 기억에 관해 가능한 한 구체적인 사실들을 상세하게 기억해 보자. 동시에 구체적인 사실만이 아니라 그에 대한 나의 감정은 어떤 것인지 세심하게 느껴보는 시간을 갖도록 하자.

<u>그 감정은 어떤 것인가? 분노인가? 시기심인가?</u>
<u>절망인가? 복수심인가? 또는 두려움인가?</u>
<u>또는 그 밖에 다른 종류의 것인가? 어떤 종류의 감정인가?</u>

- 앞서 내가 상처 앞에 마주했던 감정을 예수님께 솔직하게 털어놓는 시간을 갖자. 나의 아픈 기억과 관련된 상대방 또는 그 상대방에게 이야기하고 있는 나의 모습을 상상해 보자. 그리고 나의 그 감정을 상대방에게 솔직하게 이야기해 보자.
- 나의 상처에 대한 감정을 충분히 털어 놓았다면, 이제 내가 생각하고 있었던 상처나 상한 감정을 한 손에 꽉 쥐고 있다고 상상해 보자. 이때, 앞서 내 마음에 떠올랐던 한 가지 상처뿐만 아니라 그 밖에 떠올랐던 모든 종류의 상처를 떠올려도 좋다. 그러고 나서 이제 손을 한번 펴 본다, 그리고 펴진 내 손안을 자세히 들여다보는 시간을 갖는다

<u>내 손에 무엇이 있는가?</u>

잠시 손안을 자세히 바라다보며 묵상하는 시간을 갖는다.

- 이제 잠시 후 예수님께서 나에게 다가오시는 모습을 상상해 본다. 예수님께서는 이내 내 앞에 멈추어 서시고는 내 손 위에 있는 나의 상처와 아픔 등을 오랫동안 바라보시고는 이렇게 말씀하신다.

"꽤 많은 것이 있구나…."

또 이렇게 말씀하신다.

"매우 힘들었겠구나…."

그러고는 내 손에 올려져 있는 많은 것들을 가리키며 나에게 물으신다.

"내가 너의 손 위에 올려져 있는 이것 중에
몇 개를 가지고 가도 되겠니?"

이 마지막 질문에 나는 예수님께 뭐라고 대답하겠는가? 천천히 예수님께 진심 어린 대답을 해 보자.

- 잠시 후, 예수님께서는 내 손바닥 위에 올려진 것들을 가지고 가셨는가? 아니면 그대로 두셨는가? 만약 가지고 가셨다면 무엇을 가지고 가셨는가?

- 그리고 잠시 후, 예수님께서는 다시 이렇게 물으신다.

"내가 너의 손바닥 위에 무엇을 좀 놓아 두어도 되겠니?"

이 질문에 나는 뭐라고 대답하겠는가? 그리고 예수님께서 나의 손 위에 무언가 놔두고 가셨다면 무엇을 놓고 가셨는지 살펴보자.

- 마지막으로 이 전체 기도 내용에 관해 예수님과 대화를 해 보도록 한다. 대화할 때 예수님께 나의 솔직한 감정을 표현해 보자.
- 충분한 대화가 이루어졌다고 생각한다면, 주의 기도로 기도를 마친다.

기도 회고

기도가 끝난 후, 장소를 옮겨서 기도한 내용을 다시 되돌아보면서 성찰 노트에 기록해 보도록 하자.

1. 하느님 현존 때 특별히 체험한 것이 있는가? 있다면 어떤 종류의 체험인지 구체적으로 적어 보자. 특히 하느님 사랑을 체험했다면 어떤 방식으로 그 사랑을 체험했는지 그 느낌을 구체적으로 적어 보자.
2. 최근 지속적으로 떠오른 상처들을 바라보는 나의 감정은 주로 어떤 것인가? 예를 들어 분노, 시기심, 절망, 복수심, 두려움 중에 느낀 감정이 있는가? 그 외에 떠오르는 감정이 있다면 어떤 것인가? 그런 감정이 떠오르게 된 원인은 무엇이라고 생각하는가?
3. 상상력을 통해 손바닥을 봤을 때, 손바닥 안에 어떤 것들이 있었는지 기억할 수 있을 정도로 선명했는가, 아니면 희미했

는가? 선명했다면 어떤 것들이 있었나? 왜 그러한 것들이 보였다고 생각하는가?
4. 이 기도 안에서 나의 손바닥 위에 놓여 있던 것 중에 예수님께서 가지고 가신 것이 있었는가? 만약 있었다면 어떤 것이었고, 왜 그것을 가지고 가셨다고 생각하는가? 반대로 가지고 가신 것이 없었다면 왜 없었다고 생각하는가?
5. 이 기도 안에서 마음 안에 남아 있는 이미지나 특별히 기억에 남는 예수님과의 대화 내용이 있는가? 있다면 구체적으로 석어보고 나에게 어떤 의미로 다가오는지도 적어 보자.
6. 이 기도 안에서 특별한 상처 치유가 이루어졌다고 느껴지는 부분이 있는가? 있다면 구체적으로 어떤 부분인가? 치유되었다고 느끼고 난 후, 나의 감정은 어떠한가?
7. 이 기도 안에서 직면하기 어려운 부분이 있었는가? 만약 그것이 나의 상처와 관련된 부분이었다면 직면하기 어려운 이유는 무엇이라고 생각하는가?
8. 이 기도를 통해 내 삶에서 변화하길 희망하는 부분이 있는가? 있었다면 어떤 부분이 변화하기를 희망하는가?
9. 기도가 전체적으로 마음에 드는가? 든다면 그 이유는 무엇인가? 만약 그렇지 않다면 그 이유 또한 무엇인지 노트에 적어 보자.

첫째 주는 앞선 실습과 마찬가지로 나의 과거 상처를 예수님께 펼쳐 보이고, 이 상처에 대해 상세하게 예수님과 대화를 나누는 과정을 통해 상처 치유를 청하는 기도를 연습해 보는 시간을 갖는다.

본격적으로 상상력을 활용하여 기도에 들어가기 전 아래의 내용을 충분한 시간을 두고 **2~3번 정도 반복**하여 읽은 후, 기도 준비를 천천히 하고 난 뒤에 본기도에 들어가도록 한다. 과거 상처에 대한 치유의 은총을 체험하기 위해서는 적어도 **일주일에 3번 이상** 반복하여 실습해 보는 것이 좋다.

전체 기도 시간은 **약 60~75분 정도**를 설정한 후 기도에 들어간다. 세부적인 기도 시간은 다음과 같다. 먼저 아래 기도 내용을 **15분간(기도 준비)** 충분히 읽은 후 순서대로 내용을 잘 기억해 놓는다. 기도 준비를 충분히 했다면, 약 **30~45분(본기도)** 동안 본격적으로 눈을 감고 앞서 기도 준비 시간 동안 기억해 놓은 내용을 천천히 상상력을 활용하여 재현해 보도록 한다. 본 기도가 끝나고 나면 장소를 옮겨서 기도 성찰을 하도록 한다. 성찰은 약 **15분간(기도 성찰)** 하도록 하며, 성찰한 내용은 꼭 성찰 노트에 꼭 작성하도록 한다.

앞선 5장에서 언급한 바와 마찬가지로, 그 주에 해당하는 각각의 수련 내용은 반드시 그 주 기도하기 직전에 읽도록 하고, 사전에 읽지 않도록 주의한다. 또한 기도 중에 세부적인 내용이 기억나지 않는다고 해서 내용을 확인하기 위해 다시 눈을 뜨지 않도록 주의한다. 기억이 나지 않을 경우 주님께 맡긴 채 상상력을 충분히 활용하여 기도하고, 그 안에서 활동하시는 예수님께 단순하게 집중하며 조용히 머물도록 노력한다.

이 치유 기도를 하는 주간에는 잠자는 동안에도 치유 작용이 계속될 수 있다. 따라서 잠자리에 누워 있을 때도 상처 치유에 대한 긍정적인 생각을 가지고 기도하면 매우 큰 도움이 된다. 가능하다면 기도 시간을 잠자리에 들기 전 취침 직전으로 정해도 좋다.

기도의 길잡이

1. 기도를 시작하기 전 긴장을 풀고 하느님의 현존을 느껴보도

록 한다. 지금 이 순간 마음을 가라앉히는 것 이외에는 어떠한 것에도 관심을 가지지 않도록 한다. 주변에서 들려오는 소리에 귀를 기울이고, 숨 쉬는 소리를 들어보아도 좋다. 잠깐 침묵 중에 성령께서 이 시간 함께 해 주십사 청해도 좋다.

2. 어느 정도 침묵이 이루어졌다고 느꼈다면, 아래의 짤막한 기도를 천천히 반복 암송하며 오랫동안 머물러 보도록 한다.

   "예수님! 나를 치유해 주시는 주님! 제 손을 잡아 주소서!"

3. 이제 평소 내가 편안하게 느끼는 장소를 생각해 보자. 그리고 내가 그 장소에 머물며 누군가를 기다리고 있다고 상상한다. 이 장소는 실제로 내가 경험해 본 장소일 수도 있고, 상상 속 미지의 장소일 수도 있다. 그 장소를 상상하며 잠시 동안 머물러 있자.

4. 잠시 후, 내가 있는 장소로 예수님께서 걸어오시는 장면을 상상해 보자. 그리고 예수님이 가까이 오셨다면 그분의 모습을 자세히 살펴보자. 예수님의 얼굴은 어떤 모습인가? 그분의 머리 스타일은 어떠한가? 어떤 옷을 입었는가? 그분의 발걸음은 어떠한가? 목소리나 분위기는 어떠한가? 전체적으로 예수님의 모습을 다시 살펴본 후, 인사하고, 평소 나누고 싶었던 이야기를 나누어 보자.

5. 어느 정도 이야기를 나누었다면, 예수님께 나의 상처에 대해 가능한 한 자세히 이야기해 보자. 내가 어떻게 상처받았는지, 상처받은 현재 나의 마음은 어떠한지, 내가 무엇 때문에 힘든지 등 상세하게 예수님께 말해 보자. 그리고 그것이 무엇이 되었든 예수님께서 원하시는 대로 **상처를 받아들이겠다**고 말씀을 드리자. 충분한 대화가 이루어졌다고 생각이 든다면 잠시 침묵하며 머무는 시간을 갖는다.
6. 머무를 만큼 머물렀다고 생각이 든다면, 주의 기도로 기도를 마무리한다.
7. 기도가 끝나고 난 후, 장소를 옮겨서 기도 회고를 해 본다.

기도 회고

1. 기도 안에서 전체적으로 어떤 생각들이 들었나? 기도의 전반적인 내용 중에서 기억에 많이 남는 장면이나 대화 내용을 간단히 적어 보자.
2. 예수님과의 첫 만남에서 인상에 남는 장면이 있는가? 그 장면을 통해 나는 무엇을 느꼈는가?
3. 기도 안에서 어떤 일들이 벌어졌는가? 적고 싶은 만큼 상세히 적어 보자.

4. 예수님께서 나에게 이야기하실 때 내 마음이 어떠했는가? 감정을 간단히 적어 보자. 그리고 무슨 이야기를 나누었는가? 적고 싶은 만큼 상세히 적어 보자.
5. 예수님과 대화를 나누고 난 후 기뻤는가, 아니면 상심했는가? 아니면 다른 느낌이 있었는가? 다른 느낌이 있었다면 어떤 것이었는가? 그리고 그런 느낌이 들었던 이유는 무엇이었는가?
6. 기도 이후 전체적으로 어떤 깨달음이 있었는가? 있었다면 어떤 깨달음을 얻었는가?
7. 기도 중에 혹시 잡념이나 분심이 들었다면 어떤 것이었는가?
8. 전반적으로 이 기도를 통해 치유된 부분이 있다고 생각하는가? 있다면 어떤 부분에서 치유가 일어났다고 생각하는가?
9. 이 기도 이후, 내 삶에서 무언가 결심한 것이 있는가? 있다면 구체적으로 적어보도록 하자.

Note

둘째 주는 상처 치유의 첫걸음이라 할 수 있는 상대방을 용서하는 기도로 시작한다. 용서에 대한 기도는 앞선 5장에서 많이 연습했지만, 구체적으로 자신이 받은 상처를 알지 못한 채 무조건 용서에만 집착할 경우 오히려 부정적인 결과를 가지고 올 수 있다. 따라서 이번 주부터는 자신의 상처를 구체적으로 바라보는 동시에 용서를 통해 치유가 이루어질 수 있도록 연습해 본다.

기본적인 기도 방법에 대한 틀은 앞선 첫째 주 수련 방식과 동일하다. 단, 지난주와 다르게 **청원기도**가 있으므로 빠트리지 않도록 주의한다. 이어서 지난주와 동일하게 하느님의 현존을 느끼고 난 뒤, 예수님께서 나에게 걸어오시는 모습을 상상해 보고 평소 나누고 싶었던 이야기를 편안하고 자유롭게 나누어 보도록 한다(<u>첫째 주 수련</u>의 <u>기도의 길잡이 1~4번까지</u> 동일한 방식으로 기도를 진행하도록 한다). 그리고 다른 방식으로 다가오시는 예수님의 모습을 상상해 보고 아래 지시대로 기도가 이루어질 수 있도록 노력한다.

용서와 치유가 함께 이루어지려면 적어도 이 기도를 **일주일에 3번 이상** 실습하는 것이 좋다. 만약 지난주 기도를 한 번도 하지 않았다면 반드시 지난주 기도부터 먼저 하고 난 후에 이 기도를 한다.

전체 기도 시간은 **약 60~75분 정도**로 설정한 후 기도에 들어간다. **15분간**의 기도 준비와 **30~45분** 동안의 본기도 그리고 **15분간** 기도를 되돌아보는 시간을 갖는다.

앞서 1주 차에서도 언급했던 바와 같이, 기도 내용을 미리 읽지 않도록 한다. 즉, 그 주에 해당하는 각각의 수련 내용은 반드시 그 주 기도하기 직전에 읽도록 한다. 또한 기도 중에 세부적인 내용이 기억나지 않더라도 눈을 떠서 기도 내용을 다시 확인하지 않도록 주의한다.

기도의 길잡이

1. 기도를 시작하기 전 긴장을 풀고 하느님의 현존을 느껴 보도록 한다. 지금 이 순간 마음을 가라앉히는 것 이외에는 어떠한 것에도 관심을 가지지 않는다. 주변에서 들려오는 소리에 귀를 기울여 보자. 숨 쉬는 소리를 들어도 좋다.
2. [청원기도]
예수님께 자신이 받은 상처로 인해 일어나는 상대방에 대한 적개심과 분노를 없애 달라고 청해 본다. 이때 인간적으로는 불가능하지만, 예수님의 힘으로는 무조건 진심으로 용서하는 것이 가능하다는 것을 믿게 해 주십사 간절한 마음으로 청한다.

3. 청원기도가 끝나면 잠시 침묵한 후, 아래의 짧막한 기도를 천천히 반복하며 오랫동안 머물러 보도록 한다.

"예수님! 나를 치유해 주시는 주님! 제 손을 잡아 주소서!"

4. 이제 평소 내가 편안하게 느끼는 장소를 생각해 보자. 그리고 그 장소에 머물며 누군가를 기다리고 있다고 상상한다. 이 장소는 실제로 경험해 본 장소일 수도 있고, 상상 속 미지의 장소일 수도 있다. 그 장소를 상상하며 잠깐 머물러 보자.

5. 잠시 후, 내가 있는 장소로 예수님께서 걸어오시는 모습을 상상해 보자. 그리고 그분이 가까이 오시면 그분의 모습을 자세히 살펴보자. 그분의 얼굴은 어떤가? 그분의 머리 스타일은 어떠한가? 그분은 어떤 옷을 입었는가? 그분의 발걸음은 어떠한가? 목소리나 분위기는 어떠한가? 전체적으로 예수님의 모습을 다시 살펴본 후, 인사를 나누고 평소 하고 싶었던 이야기를 자유롭게 나누어 보자.

6. 이제 기도 안에서 아직 용서하지 못한 사람을 떠올려 보며, 예수님 사랑의 힘으로 그 사람을 용서해 보는 상상을 해 본

다. 만약 용서하지 못한 사람이 여러 명이라면 한 명씩 따로 따로 용서해도 좋다. 그리고 이미 용서했던 사람들이 떠올랐다면, 그 사람들도 기억하고 다시 한번 용서해 본다. 구체적으로 어떻게 용서해야 할지 떠오르지 않는다면, 각각을 떠올리며 그 사람에게 평화를 빌어 주는 상상을 해 봐도 좋다. 그렇게 용서의 과정이 끝난 후에, 용서할 때 찾아오는 기쁨과 평화가 있다면 오랫동안 머물러 보도록 한다.
7. 마지막으로 용서를 할 수 있도록 힘과 용기를 주신 예수님께 감사드리고, 용서의 과정에서 마음 깊이 다가왔던 이미지나 대화가 있다면 예수님과 함께 그것에 대해 대화를 나누어 보자.
8. 충분히 대화가 이루어졌다면 주의 기도로 기도를 끝맺는다.
9. 기도가 끝나고 난 후, 장소를 옮겨서 전체적인 기도 내용을 되돌아본다.

기도 회고

앞선 **첫째 주 수련**의 기도 회고와 동일한 방식으로 한다. 기도 회고가 끝나면 반드시 노트에 회고 내용을 작성하도록 한다.

Note

셋째 주에는 상처받은 나의 마음을 본격적으로 치유해 주시는 예수님 치유의 빛을 느껴 보는 시간을 갖도록 한다. 앞선 기도들과 같은 방식으로 상상력을 활용하여 기도하되, 몸의 감각을 실제로 느껴 보는 기도를 청원기도 후에 실습한다. 실제로 이 기도를 통해 많은 신자가 마음의 치유뿐만 아니라 몸의 치유도 많이 체험했다고 이야기한다. 따라서 이번 수에는 예수님 치유의 능력을 믿으며 간절히 기도해 보는 시간을 갖는다.

기본적인 기도 방법은 앞선 2주 동안의 수련 방식과 동일하다. 둘째 주 수련과 마찬가지로 **청원기도**부터 시작한다. 그리고 이어서 몸의 감각을 익히며 긴장된 근육을 푸는 시간을 갖는다. 이 시간 동안 긴장을 느끼는 부분이 있는지 없는지 찾아보고, 만약 있다면, 긴장의 원인도 생각해 보면 좋다. 앞선 **둘째 주 수련**의 **기도의 길잡이 1~5번까지**의 기도와 동일한 방식으로 진행한다.

이어 예수님이 나의 아픈 몸과 마음을 치유해 주시는 상상에 오랫동안 머물러 보고 치유가 일어난 부분이 있는지 잘 살펴본다. 치유가 일어난 부분이 있다면 어느 부분에서 치유가 일어났는지 기도 회고 시간 때 자세히 되돌아본다.

용서와 치유가 함께 잘 이루어지려면 적어도 이 기도를 **일주일에 3번 이상** 실습하는 것이 좋다. 만약 지난주 기도를 한 번도 하지 않았다면 반드시 지난주 기도부터 먼저 하고 난 후에 이 기도를 한다.

전체 기도 시간은 **약 60~75분 정도**로 설정한 후 기도에 들어간다. **15분간**의 기도 준비와 **30~45분** 동안의 본기도 그리고 **15분간** 기도 성찰을 하도록 한다.

앞선 1, 2주차에서도 언급했던 바와 같이 기도 내용을 미리 읽지 않도록 한다. 즉, 그 주에 해당하는 각각의 수련 내용은 반드시 그 주 기도하기 직전에 읽도록 한다. 또한 기도 중에 세부적인 내용이 기억나지 않더라도 눈을 떠서 기도 내용을 다시 확인하지 않도록 주의한다.

기도의 길잡이

1. 기도를 시작하기 전 긴장을 풀고 하느님의 현존을 느껴보도록 한다. 지금 이 순간 마음을 가라앉히는 것 이외에는 어떠한 것에도 관심을 가지지 않는다. 주변에서 들려오는 소리에 귀를 기울여 보자. 숨 쉬는 소리를 들어 보아도 좋다.

2. **[청원기도]**

    예수님께 불필요한 모든 긴장감을 없애 주시고, 동시에 몸과 마음의 상처를 치유해 주십사 청해 본다. 이때 인간의 힘으로는 불가능하지만, 예수님의 힘으로는 나의 상처를 치유해 주실 수 있다고 믿게 해 주십사 간절한 마음으로 청한다.

3. 청원기도 후 잠시 나의 몸 각 부분의 감각을 살펴보는 시간을 갖는다. 우선 몸에 뻐근한 느낌이 있는지 살펴보고 긴장된 부분이 있다면 풀어 본다. 이때 몸을 조금씩 움직여도 좋다. 그리고 긴장의 요인이 될 만한 원인이나 사건들을 생각해 보고 하나씩 모두 예수님께 봉헌한다.

4. 잠시 후 아래의 짤막한 기도를 천천히 반복하며 오랫동안 머물러 보도록 한다.

    "예수님! 나를 치유해 주시는 주님! 제 손을 잡아 주소서!"

5. 이제 평소 내가 편안하게 느끼는 장소를 생각해 보자. 그 장소에 머물며 누군가를 기다리고 있다고 상상한다. 이 장소는 실제로 경험해 본 장소일 수도 있고, 상상 속 미지의 장소일 수도 있다. 그 장소를 상상하며 잠깐 머물러 보자.

6. 잠시 후, 내가 있는 장소로 예수님께서 걸어오시는 모습을 상상해 보자. 그리고 그분이 가까이 오시면 그분의 모습을

자세히 살펴보자. 그분의 얼굴은 어떤 모습인가? 그분의 머리 스타일은 어떠한가? 그분은 어떤 옷을 입었는가? 그분의 발걸음은 어떠한가? 목소리나 분위기는 어떠한가? 전체적으로 예수님의 모습을 다시 살펴본 후, 인사를 나누고 그분과 평소 하고 싶었던 이야기를 자유롭게 나누어 보자.

7. 예수님께서 나에게 "무엇을 치유받고 싶으냐?"고 질문한다. 예수님께 치유받고 싶은 내용을 상세히 말해 본다.

8. 이어서 예수님의 거룩한 빛이 당신의 심장에서 나오는 모습과 그 빛을 받으며 서 있는 나의 모습을 상상해 보자. 그 빛은 치유의 힘을 가지고 있는 거룩한 성심의 빛으로서, 그를 통해 나를 치유하시고자 하시는 예수님의 심장을 잘 살펴보도록 한다. 이어서 예수님께서는 손을 내밀어 내 손을 잡으신다. 예수님 치유의 빛이 내게도 전해지면서 나도 그 빛으로 충만해지고 있음을 느끼자. 주님의 빛이 나의 몸 전체를 감싸 안으며 내 몸이 따뜻해지는 것을 느껴 보자. 치유의 빛이 나의 몸 전체를 휘감으면서 차례로 나의 몸 각 부분을 통과하는 것도 느껴 본다.

9. 마지막으로 상처받은 나의 마음까지도 치유되고 있음을 천천히 느껴 본다. 예수님의 사도로운 성심의 빛이 나의 어두운 마음마저 밝은 빛으로 바꾸어 주고 동시에 상처 또한 치유되

고 있음을 느껴 보자.
10. 치유를 충분하게 느낄 만큼 머물러 있었다면, 주의 기도로 끝맺는다.
11. 기도가 끝나고 난 후, 장소를 옮겨서 기도 내용을 회고해 보자.

기도 회고

앞선 **첫째 주 수련**의 기도 회고와 동일한 방식으로 기도 내용을 되돌아보도록 한다. 기도 회고가 끝나면 반드시 노트에 회고 내용을 작성한다.

Note

넷째 주 수련

마지막 주는 셋째 주에 했던 수련의 연장 실습이다. 먼저 예수님 치유의 빛을 통해 상처받은 나의 마음이 치유되고 있음을 느껴보도록 한다. 지난주와 동일한 방식으로 상상력을 활용하여 기도한다. 지난주 기도의 연장선상에 있는 수련이므로 지난주 기도와 함께 연습하는 것이 좋다.

전체적인 기본적인 기도 방법은 앞선 셋째 주 수련 방식과 유사하다. 셋째 주 수련의 **청원기도**로 시작한다. 그리고 앞선 **셋째 주 수련**의 **기도의 길잡이 1~9번까지**와 동일한 방식으로 기도를 진행한다. 그리고 예수님이 나의 아픈 몸과 마음을 치유해 주시는 상상을 해 보면서 오랫동안 머물러 보고 치유가 일어난 부분이 있는지 잘 살펴본다. 치유가 일어난 부분이 있다면 어디에서 치유가 일어났는지 기도 회고 시간 때 자세히 살펴본다.

용서와 치유가 함께 잘 이루어지기 위해서는 적어도 이 기도를 **일주일에 3번 이상** 실습해 보는 것이 좋다. 이 기도는 지난주 기도의 연장선상에 있는 기도이므로 반드시 지난주 기도부터 먼저 익히고 난 후에 이 기도를 해야 한다.

전체 기도 시간은 **약 60~75분 정도**로 설정한 후 기도에 들어간다. **15분간**의 기도 준비와 **30~45분** 동안의 본기도 그리고 **15분간** 기도 후 성찰을 하도록 한다.

앞선 1~3주 차에서도 언급했던 바와 같이 기도 내용을 미리 읽지 않도록 한다. 즉, 그 주에 해당하는 각각의 수련 내용은 반드시 그 주 기도하기 직전에 읽도록 한다. 또한 기도 중에 세부적인 내용이 기억나지 않더라도 눈을 떠서 기도 내용을 다시 확인하지 않는다.

기도의 길잡이

1. 기도를 시작하기 전 긴장을 풀고 하느님의 현존을 느껴보도록 한다. 지금 이 순간 마음을 가라앉히는 것 이외에는 어떠한 것에도 관심을 가지지 않는다. 주변에서 들려오는 소리에 귀 기울여 보자. 숨 쉬는 소리를 들어보아도 좋다.
2. [청원기도]
   예수님께 나의 불필요한 모든 긴장감을 없애 주시고, 동시에 몸과 마음의 상처를 치유해 주십사 청해 본다. 이때 인간의 힘으로는 불가능하지만, 예수님의 힘으로는 나의 상처를 치유해 주실 수 있기에 믿게 해 주십사 간절한 마음으로 청해 본다.

3. 청원기도 후 잠깐 몸의 감각을 살펴보는 시간을 갖는다. 우선 전체적으로 몸에 뻐근한 느낌이 있는지 살펴보고 근육이 긴장된 부분이 있다면 풀어보는 시간을 갖는다. 이때 몸을 조금씩 움직여도 좋다. 그리고 긴장의 요인이 될 만한 원인이나 사건들을 생각해 보고 하나씩 모두 예수님께 봉헌해 본다.
4. 그리고 잠시 후 아래의 짤막한 기도를 천천히 반복하며 오랫동안 머무른다.

   <u>"예수님! 나를 치유해 주시는 주님! 제 손을 잡아 주소서!"</u>

5. 이제 평소 내가 편안하게 느끼는 장소를 생각해 보자. 그리고 그 장소에 머물며 누군가를 기다리고 있다고 상상하자. 이 장소는 실제로 경험해 본 장소일 수도 있고, 상상 속 미지의 장소일 수도 있다. 그 장소를 상상하며 잠깐 머물러 보자.
6. 잠시 후 내가 있는 장소로 예수님께서 걸어오시는 모습을 상상해 보자. 그리고 그분이 가까이에 오시면 그분의 모습을 자세히 살펴보자. 그분의 얼굴은 어떤 모습인가? 그분의 머리 스타일은 어떠한가? 그분은 어떤 옷을 입었는가? 그분의 발걸음은 어떠한가? 목소리나 분위기는 어떠한가? 전체적으로 예수님의 모습을 다시 살펴본 후, 인사를 나누고 그분과 평소 하고 싶었던 이야기를 자유롭게 나누어 보자.

7. 예수님께서는 "무엇을 치유 받고 싶으냐?"고 질문한다. 예수님께 치유 받고 싶은 내용을 상세히 말해 보도록 한다.

8. 이어서 예수님의 거룩한 빛이 당신의 심장에서 나오는 모습과 그 빛을 받으며 서 있는 나의 모습도 상상해 보자. 그 빛은 치유의 힘을 가지고 있는 거룩한 성심의 빛으로, 그를 통해 나를 치유하시고자 하시는 예수님의 심장을 잘 살펴보도록 한다. 이어서 예수님께서는 손을 내밀어 내 손을 잡으신다. 예수님 치유의 빛이 내게도 전해져 나도 그 빛으로 충만해지고 있음을 느껴 본다. 주님의 빛이 나의 몸 전체를 감싸 안으며 내 몸이 따뜻해지는 것을 느껴 보도록 한다. 치유의 빛이 몸 전체를 휘감으면서 차례로 나의 몸 각 부분을 통과하는 것을 느껴 본다.

9. 마지막으로 상처받은 나의 마음마저 치유되고 있음을 천천히 느껴 본다. 예수님의 자비로운 성심의 빛이 나의 어두운 마음까지 밝은 빛으로 바꾸어 주고 계심과 동시에 상처 또한 치유되고 있음을 느껴 보자.

10. 예수님 성심의 빛이 나의 아픈 모든 부분에 비추고 있음을 다시 한번 느껴 본다. 예수님 치유의 빛이 계속 나에게 비춰지면서 상처받았던 내 마음이 점점 편안해지는 것을 찬찬히 느껴 보자. 그리고 새로운 느낌, 예컨대 완전히 새로 태어났

음을 느꼈다면, 그 상태에 오랫동안 머물러 본다.

11. 머무를 만큼 머물렀다는 생각이 든다면, 예수님 성심의 빛이 서서히 사라지는 것도 느껴 본다. 그리고 완전히 사라졌다면 예수님과 담화를 해 본다.

12. [담화]

    마음속에 떠오르는 말이 있다면 예수님과의 대화를 통해 충분히 나누어 보자. 만약 치유되었음을 느꼈다면 예수님께 감사하다는 말씀을 꼭 드린다. 그리고 아래와 같은 기도를 드려도 좋다.

    "내 안에 늘 함께하시는 예수님!
    나를 깨끗하게 하시고 치유해 주셨음을 저는 믿습니다."

13. 충분히 대화한 뒤, 이제 예수님과 헤어지기에 앞서 언제 어디서 예수님과 다시 만날 것인지 약속을 해 보자.

14. 기도가 끝나고 난 후, 장소를 옮겨서 기도를 되돌아보는 시간을 갖는다.

기도 회고

앞선 **첫째 주 수련**의 기도 회고와 동일한 방식으로 기도 내용을 되돌아보도록 한다. 기도 회고가 끝나면 반드시 노트에 회고 내용을 작성하도록 한다.

Note

7장

양심성찰

7장

양심성찰

도입

　기도를 하시는 분들이 가장 많이 호소하는 고민은 기도를 열심히 하고 있음에도 삶의 답답함이 크게 나아지지 않는다는 점이다. 답답함이라고 표현했지만, 구체적으로 이야기하자면 삶의 큰 변화를 느끼지 못하는 데서 오는 답답함이라 할 수 있겠다. 늘 하느님께 의탁하며 삶의 답답함을 기도를 통해 해소해 보려고 하지만, 어려움이나 고민거리는 늘 그대로 있는 것이다. 이러한 문제점을 해결하기 위해 여러 가지 효험(?)이 있다는 기도에 더 매진하지만, 그렇다고 해서 답답함이 쉽게 풀리진 않는다.

문제는 무엇일까? 바로 기도와 삶을 동떨어진 것으로 이해하고 있는 우리들의 잘못된 생각이다. 기도와 삶은 분리할 수 없다. 기도와 삶이 분리될 수 없는 이유는 기도에 대한 열매 맺음이 결국 삶 안에서 이루어져야 하기 때문이다. 이러한 의미에서 삶에서 일어나는 다양한 체험은 우리 기도에 대한 결과의 척도가 될 수밖에 없다. 그렇지 않으면 기도는 단지 나의 이기적인 만족을 채워주는 도구요, 현실에서의 힘든 삶을 회피하기 위한 도피처에 지나지 않게 된다.

기도로 내 삶을 바꾸기 위해서 먼저 필요한 것은 하느님의 은총이다. 우리는 하느님의 절대적인 은총으로 삶이 변화하기를 간절히 바라며 기도에 매진한다. 하지만 문제는 변화를 갈망하기만 할 뿐, 기도하는 쪽에서의 인간적인 노력은 전혀 하지 않는다는 점이다. 하느님의 은총을 바라면서 정작 하느님의 큰 은총에 걸맞은 그 어떤 노력도 하지 않는다면, 하느님의 은총에 따른 결실을 바라는 것 자체가 어불성설이다. 어떤 의미에서 본다면 인간의 의지는 하느님 은총의 결실을 보기 위한 가장 핵심적인 능력이라 할 수 있겠다. 결국 영적 성장을 이루려면 하느님의 은총과 더불어 인간의 노력이 필요하다. 따라서 우리는 언제나 하느님의 은총을 절대적으로 청하면서도 동시에 내가 해야 할 부분은 반드시 해 낼 수 있도록 최선의 노력을 다해야 한다.

그렇다면 삶의 변화를 위해 어떤 기도를 중점적으로 할 수 있을까? 이냐시오 영성의 관점에서 보자면 단연코 양심성찰이라 답할 수 있을 것이다.

앞선 6장에서 언급한 바와 같이, 영신수련 [21]번에서 이냐시오 성인은 영신수련의 목적에 관해 다음과 같이 말씀하였다. "자기 자신을 이기고 어떤 무질서한 애착에도 이끌림이 없이 생활에 질서를 세우기 위한 영적 수련들." 여기서 중요한 표현은 "생활에 질서를 세우기 위한"인데, 이 말은 곧 우리의 삶이 평소 무질서할 때가 있다는 뜻이다. 삶에서 일어나는 무질서함은 대부분 지나친 집착으로부터 비롯되는 것이 많다. 본래 이냐시오 성인이 양심성찰을 제안한 이유는 이러한 "무질서한 애착"에서 벗어나 우리 자신이 좀 더 자유로워지기 위해서다. 우리가 자유로운 상태가 되어야 하느님께 나아가는 데 걸림돌이 되는 것들을 없앨 수 있고, 동시에 하느님께 우리 자신을 내맡기기가 쉽다. 결국 내 삶에서 무질서함의 원인을 찾아내고, 그러한 무질서한 삶을 질서 있는 삶으로 바꾸기 위해서는 나의 약점이나 개선 점을 파악하는 것이 무엇보다도 중요하다.

영신수련을 할 때 피정자들이 1주간 죄 묵상을 본격적으로 시작하기 전, 양심성찰을 배우게 된다. 이때, 이냐시오 성인은 양심성찰의 종류와 구체적인 순서 및 방식에 관해 피정자들에게 설명하신다. 따라서 양심성찰의 핵심은 죄와 용서에 대한 나 자신의 성찰이다. 그러나 과거 나의 삶에서 죄스러운 부분들만 바라보는 것만은 아니다. 지난날의 잘못만이 아니라 내 삶의 현재와 미래까지도 하느님과 함께 살펴보는 것이다. 이때 하느님과 함께 내 삶을 자세히 들여다보는 것이 중요하다. 이러한 죄에 대한 성찰은 양심성찰의 중요한 선물 중 하나라고 할 수 있다. 죄의 성찰은 죄로부터의 해방을 체험하게 해 주며, 예수님을 더 잘 따르기 위해 내가 특히 어떤 장점을 잘 사용하도록 노력해야 하는지 알려 준다.

하지만 죄나 죄의식 또는 실패에 너무 몰입하지 않도록 주의해야 한다. 죄를 다룰 때, 오직 죄만 성찰하며 마음 아파하고, 그 결과 기도의 초점이 온전히 나에게만 맞춰지면 기도의 목적인 하느님에 대한 갈망은 자연히 사라지게 된다. 나 자신에게만 사로잡혀 아직 자신을 내려놓거나 자기중심에서 벗어나지 못한다면 죄의 핵심이라 할 수 있는 이기심에서 벗어나지 못하게 된다. 따라서 실패에만 머물러 있었던 과거의 걸림돌을 미래의 희망을 위한 디딤돌로 바꾸기 위해서는 매일의 양심성찰이 절대석으로 필요하다.[41]

---

41   마크 티보도, 심종혁 옮김, 『새롭게 상상하는 이냐시오 양심성찰』, 이냐시오 영성연구소, 2022, 26~27쪽.

대부분의 사람은 자기 자신을 아주 잘 안다고 생각하지만 영신수련을 동반해 보면 그렇지 못한 경우가 매우 많다. 많은 피정자가 기도 안에서 의도치 않게 과거 자신의 삶을 마주하면서 자신도 몰랐던 점을 발견하고는 놀라워하곤 한다. 하느님의 조명이 기도 안에서 우리 각자의 삶을 비춤으로써 잊고 지나쳤던 우리의 모습을 알게 되는 것이다. 침묵 피정 중 복음 관상 안에서 생각지도 못한 과거의 모습을 직면했지만, 피정이 끝나고 난 뒤 일상으로 돌아가게 되면 그 기억을 다시 잊고 살아가는 것은 아닌지 걱정하는 신자가 많다. 특히 자신이 보고 싶지 않았거나 싫어하는 과거의 모습을 마주할 때면 더더욱 그렇다.

이런 경우 보통 동반자는 하느님의 은총과 그분의 현존을 느낄 수 있게 피정자로 하여금 지나온 삶을 잘 들여다볼 수 있는 매일의 양심성찰을 생활화하도록 독려한다. 이러한 양심성찰을 통해 삶의 고통스러운 순간들과 장애물, 예컨대 일이 잘 풀리지 않거나, 관계 안에서 상처를 주고받거나, 더 크게는 죄를 지었던 상황들을 되돌아보면서 주님께 자비와 용서를 청할 수 있다.

또한 어려움을 극복하거나 현재 겪고 있는 고통의 진정한 의미를 깨달음으로써 앞으로 겪게 될 새로운 도전을 대비하기 위해 어떠한 은총이 필요한지 알 수 있게 되고, 그러한 은총에 대해 감사와 찬미를 드릴 수도 있다. 그만큼 양심성찰은 우리의 삶을 적극적으로 개선하는 데 매우 효과적인 기도 방법이다.

양심성찰이 나의 삶을 변화시키는 데 효과적인 이유는 여러 가지다. 먼저 양심성찰은 우리의 행동 동기를 제대로 파악하는 데 중요한 역할을 한다.

삶에서, 특히 사람들 사이에서 관계가 삐걱대는 주요한 원인 중에 하나는 내가 갖지 못한 능력을 가졌다고 믿고 억지로 그 능력을 관계에 적용하는 것이다. 앞서 이냐시오 성인은 양심성찰을 통해서 우리가 "무질서한 애착"으로부터 벗어나는 것이 무엇보다 중요하다고 하였다. 그러나 대부분은 자신이 가지지 않은 능력에 욕심을 내고 그것에 지나치게 집착함으로써 결국 삶을 무질서하게 만든다. 그러한 "무질서한 애착"이 사람 사이의 관계를 힘들게 만드는 것이다.

예를 들어, 많은 본당 소공동체에서 회장직이나 단체장직을 맡은 경우 그것이 봉사를 위한 직분임에도 대표로만 생각하는 경우가 많이 있다. 한 단체의 대표이기 때문에 구성원에게 인정받아야 하고, 리더로서 일도 잘하는 모습을 보여 주어야 하고, 모든 사람을 품을 수 있는 아량도 있어야 하고, 사람들을 통솔할 줄 아는 강단 있는 리더십도 있어야 하며, 문제가 생겼을 경우 빠르게 판단하고 결정할 수 있는 강한 결단력도 가지고 있어야 한다고 생각한다.

그래서 어떤 분은 일을 잘하는 꼼꼼함을, 어떤 분은 사람들을 끌어안을 수 있는 온건한 부드러움을, 어떤 분은 강한 리더십을, 또 어떤 분은 어떤 잡음에도 흔들리지 않는 강단 있는 확고함을 가지고 단체를 운영하고자 한다. 하지만 이 모든 능력을 모두 발휘하면서 단체를 운영하는 것은 거의 불가능에 가깝다. 한 사람이 이 모든 능력을 다 가질 수 없기 때문이다. 그렇기에 대표직을 맡은 이는 리더로서 필요한 여러 요건 중 내가 특히 잘 발휘할 수 있는 능력 하나를 선정해 그것을 기도하는 마음으로 겸손하게 잘 사용해야 한다. 그리고 내가 가지지 않은 능력에 욕심을 내어 억지로 사용하는 건 아닌지 매사에 잘 살펴볼 필요가 있다.

실제로 봉사자가 공동체 안에서 문제를 일으키게 되는 원인은 자신이 갖지 못한 능력을 사람들에게 억지로 사용하는 것이다. 이로 인해 주변 사람들에게 상처를 주고 분란을 일으킴으로써 공동체를 파괴하게 된다. 자신이 할 수 없는 일을 억지로 하려고 욕심을 부리기 때문에 생기는 일이다. 이런 경우 내가 할 수 없는 일을 억지로 하려고 하지 않고, 그 능력을 갖추고 있는 다른 주변 봉사자에게 부탁하고 나는 나의 모자란 점을 겸손하게 인정함으로써 전체 공동체를 위해 희생하는 마음이 있어야 하는데 그러지 못하는 것이다.

결국 양심성찰은 하느님의 조명을 통해 그분께서 보여 주시는 내 행동 동기를 파악함으로써 우리의 장점들, 예컨대 가진 달란트를 잘 활용하고, 내가 갖지 못한 능력임에도 욕심내지는 않았는지 잘 살피도록 도와준다. 더불어 양심성찰을 통해 나의 하루 일상을 하느님 현존 앞에서 펼쳐 보임으로써 하느님께서 나와 어떻게 함께 하셨는지 파악함과 동시에 그분께서 주신 달란트에 감사드리고 욕심은 내려놓으려 노력하는 것이 무엇보다 중요하다.

또한 양심성찰은 나의 삶에서 일어난 다양한 체험에 대한 의미를 이해할 수 있도록 도와준다. 삶에서 어떤 일들은 왜 일어났는지 이해할 수 없는 경우가 많다. 이미 겪고 난 뒤 그 의미를 파악하는 일은 인간의 자연스러운 능력이다. 교회에서는 이러한 능력을 "영적인 움직임"이라 말한다. 양심성찰은 이러한 영적인 움직임을 제대로 알아보고 그와 관련된 식별을 하는 데 큰 도움을 준다.

이 외에도 기도와 식별 분야에서 탁월함을 인정받고 있는 마크 티보도 신부가 언급하는 양심성찰의 다양한 이로운 점을 몇 가지로 요약해 보면 다음과 같다.

1. 양심성찰은 나의 삶 안에서 벌어지는 여러 가지 일들을 하느님의 관점에서 보고 그 의미를 파악하도록 도와준다.

2. 양심성찰은 하루의 삶을 되돌아보면서 하느님께서 베풀어 주신 선물에 감사드리고 찬미할 수 있도록 해 준다.
3. 양심성찰은 하루 중 나와 늘 함께 계신 하느님의 현존을 효율적으로 체험하도록 도와준다.
4. 양심성찰은 나의 잘못을 깨닫고 이 잘못에 대해 용서를 청하도록 이끌어 준다.
5. 양심성찰은 나의 실패와 상처에 관해 마음 아파할 시간을 주며 동시에 하느님 치유의 은총을 체험하도록 도와준다.
6. 양심성찰은 나의 생각과 말과 행위의 저변에 쌓인 마음속 깊은 동기를 알 수 있도록 도와준다.
7. 양심성찰은 내 삶에서 까다로운 측면들을 어떻게 잘 다루어야 하는지에 대한 식별의 지혜를 준다. 예를 들어 내일 옳은 일을 하기 위해 필요한 내적 선물이 무엇인지 알도록 도와주며, 그 선물을 하느님께 명확하게 청하도록 도와준다.[42]

---

42 위의 책, 9~10쪽.

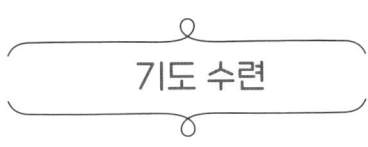

    이냐시오 성인쪽이 영신수련에서 제안한 양심성찰은 크게 5단계로 구성되어 있다.[43]

    첫째, 우리 주 하느님께 받은 은혜에 감사드린다.

    둘째, 죄를 알고 떨쳐버릴 수 있는 은총을 청한다.

    셋째, 아침에 일어나서부터 성찰하는 현재까지 시간별로 혹은 사건별로 헤아려본다. 먼저 생각에 대해서 그리고 말에 대해서 이어서 행위에 대해서 특별 성찰에서 말한 것과 같은 순서로 한다.

    넷째, 잘못한 점들에 대해서는 우리 주 하느님께 용서를 청한다.

    다섯째, 그분의 은총으로 이를 개선할 결심을 한다. 주의 기도로 마친다.

    이 다섯 요점을 기본으로 마크 티보도 신부는 아래의 순서에 맞게 양심성찰을 하도록 권유한다. 이번 수련에서는 아래의 순

---

43   영신수련 [43] 일반 성찰을 하는 방법.

서대로 양심성찰을 **매일 15분 동안 실습**해 보자. 양심성찰은 기본적으로 하루에 두 번 하도록 한다. 점심 식사 후에 한 번, 그리고 저녁 잠들기 전, 일과를 마무리하는 시간에 한다. 양심성찰에 익숙하지 않은 사람은 하루에 한 번 기도해도 좋다.

- 첫째, 먼저 성호를 긋고 나서 잠깐 침묵하며 잠심하도록 한다. 이때 마음을 차분히 하며 천천히 호흡한다. 잠심하는 동안 여러 걱정이나 근심 등이 떠오른다면 모두 내려놓고 그것들을 천천히 가라앉히려 노력한다.

- 둘째, 오늘 하루를 되돌아보며 하느님의 현존을 느껴 보자. 하느님께서 나와 함께 계신다고 생각하며 그분의 현존에 잠시 머물러 본다.

- 셋째, 어느 정도 마음이 차분해졌다면, 오늘 하루 나에게 베풀어 주신 주님의 은총에 감사드려 보자. 구체적으로 어떤 부분을 감사해야 하는지 떠오르지 않는다면, 오늘 하루 동안 일어난 사건을 중심으로 감사함을 떠올려 보거나 어떤 특정한 사건이나 사람을 떠올려 보아도 좋다. 예를 들어, 골치 아팠던 문제들이 잘 해결되었다든가, 오랜만에 반가운 친구를 만났다든가, 회사에서 업무 처리가 잘 되었다든가 하는 일을 하나씩 떠올리며 감사드리면 좋다.

- 넷째, 하느님께 은총을 청한다. 하느님의 관점에서 오늘 하루 나의 삶을 잘 들여다보게 해 주십사 은총을 청해 본다. 특히 나의 단점이나 부정적인 모습들만 바라보지 않고, 하느님께 감사할 수 있는 부분도 같이 바라볼 수 있도록 청해 본다.

- 다섯째, 오늘 하루를 되돌아본다. 일어났던 일들을 시간별로 되돌아보

거나 의미 있었던 사건별로 되돌아본다. 살펴볼 때는 생각-말-행위의 순서대로 되돌아본다. 특히 상상력을 사용하여 의미 있던 사건을 다시 한번 체험해 보아도 좋다.

- 여섯째, 하루를 되돌아보면서 하느님의 은총이나 선물이라 생각되는 부분을 감사드린다. 하지만 어려웠던 생각이나 나에게서 부정적으로 다가왔던 일들, 특히 내 생각과 말과 행위가 하느님의 마음을 아프게 했다고 생각되는 순간이 있었다면 잠시 멈춘 후에 하느님께 용서를 구한다. 그리고 필요하다면, 하느님께서 나에게 강복해 주시면서 용서해 주시는 상상을 해 보아도 좋다.

- 일곱째, 하느님의 은총으로 나의 삶이 개선될 수 있도록 결심해 보도록 한다. 특히 이번 성찰을 통해 새롭게 알게 된 사실이 있다면 하느님께 감사드리며 내일을 위해서 구체적으로 어떻게 변화되기를 바라시는지 질문해도 좋다. 그리고 하느님께 질문에 대한 답을 들은 뒤 그렇게 살도록 결심해 본다.

- 마지막으로 성찰을 끝내면서 주님의 기도를 한다. 필요하다면 성찰한 내용을 노트에 작성해 보는 것도 좋다.

기도 회고

양심성찰이 끝난 후, 장소를 옮겨서 성찰한 내용을 다시 되돌아보고 성찰 노트에 기록해 보자. 양식 없이 자유롭게 적되 특별히 발견된 나의 장점이나 단점의 경우 간단한 단어로 적어 보는 것도 좋다.

실전 기도들

첫째 주 수련

이번 주부터 4주 동안 양심성찰을 다양하게 연습해 보는 시간을 갖는다. 하루의 일과를 마친 후 **한 번** 하는 것을 기본으로 하되, 여건이 허락한다면 점심시간 후에도 기도함으로써 **하루에 두 번** 양심성찰하기를 권한다. 한 번 기도할 때마다 **15분** 정도 하는 것이 좋다. 이번 주부터 시작하는 양심성찰은 마크 티보도 신부가 제안하는 다양한 양심성찰 기도[44]를 기본으로 수련한다.

첫째 주 수련에서는 하느님께 청하고자 하는 은총을 구하는 기도를 실습해 본다. 하루를 보내며 하느님께 구하고자 하는 은총을 청하는 연습을 하되 막연하게 평소 청하고 싶었던 은총보다는 지금 이 순간 나에게 가장 필요하고 간절한 은총을 청해 보도록 노력한다. 예를 들어 본당 공동체에서 사소한 말싸움

---

[44] 이번 장 실전 기도에서는 마크 티보도 신부가 제안하는 양심성찰 기도 중 3번, 9번, 10번, 13번을 참고하여 수련으로 제시하였다.

으로 상대방에게 상처를 주거나 상처받았다면, 다음 기회에 그 상대방을 만났을 때 웃으며 말을 건넬 수 있는 온유한 마음이나 용서의 마음이 생기도록 은총을 청할 수 있다. 또한 회사에서 처리해야 할 중요한 일을 급한 성격 때문에 실수하거나 그르쳤다면 느긋함이나 여유로움을 주십사 기도 중에 청할 수 있다. 또한 지하철 입구에서 만난 걸인을 그냥 지나쳐서 마음이 계속 쓰였다면 다음부터는 가난한 이를 무심코 지나치지 않고 도움을 줄 수 있는 용기와 희사하는 너그러움의 은총을 하느님께 청할 수도 있다.

이렇게 하느님께 어떤 은총을 청해야 하는지 성찰하며 하루를 보내게 되면 그냥 쉽게 지나칠 수 있는 나의 행동 하나하나를 좀 더 예민하게 성찰함으로써 행동의 동기를 알 수 있고, 다음부터는 잘못된 판단이 바로 행동으로 이어지지 않도록 조심할 수 있다.

기도의 길잡이

1. 먼저 성호를 긋고 나서 잠깐 침묵하며 호흡을 천천히 가다듬는다. 혹시 잡념이 올라온다면 천천히 가라앉히려 노력해 본다.

2. 하느님께서 함께 계신다고 생각하며 하느님의 현존을 느껴 본다.
3. 오늘 하루 동안 베풀어 주신 은총에 감사드린다. 이때 추상적으로 감사하다고 기도하기보다는 한두 가지 구체적으로 감사할 것을 떠올린 뒤에 하느님께 감사드리며 기도해 보자.
4. 오늘 하루를 보내면서 나에게 도전이 되었던 어려움을 보여주시기를 하느님께 간청해 본다. 나는 이 도전을 어떻게 다루었는가? 예컨대 이 도전을 피했는가? 아니면 꿋꿋하게 맞서 대응했는가? 피했다면 그 이유는 무엇인가? 맞서 대응했다면 어떻게 대응했는가? 피하거나 대응하고 나서 결과는 어떠했는가? 그 결과가 내 생각, 말, 행위에 영향을 주었는가? 이 모든 것을 천천히 되돌아보면서 하느님께 감사드릴 부분이 있다면 감사드리고, 용서를 청해야 할 부분이 있다면 용서를 청하고, 상처받은 부분이 있다면 치유를 청해 보자.
5. 도전에 대한 나의 반응을 하느님께서는 어떻게 생각하시는가? 하느님의 대답을 조용히 들어보도록 한다. 그리고 나서 미래에 이 도전을 다시 직면하게 된다면 내게 필요한 은총은 무엇이 있는지 하느님께 청해 보자. 예컨대 인내심이나 굳셈, 용기, 관대함, 마음의 평화 등의 필요한 은총을 보여주시기를 청하자. 필요한 은총을 얻었다면 열린 마음으로 그 은총을

잘 받아들일 수 있도록 힘을 주십사 기도해 보자.
6. 하느님께 얻은 은총으로 충만한 나 자신을 상상하여 그려 보자. 그 은총을 마음속으로 계속 되뇌면서 하느님께서 그 은총을 내 마음 안에 가득 채워 주시는 상상을 하며 느껴 보도록 한다. 이어서 그렇게 하느님께서 원하시는 대로 내가 살아갈 수 있겠다는 갈망이 느껴진다면 하느님께 감사드리며 동시에 그렇게 살아가겠다고 다시 한번 다짐해 본다.
7. 주의 기도로 성찰을 마무리한다.

기도 회고

양심성찰이 끝난 후, 장소를 옮겨서 성찰한 내용을 다시 되돌아보면서 성찰 노트에 기록해 보도록 하자. 양식 없이 자유롭게 적되, 특별히 발견된 나의 장점이나 단점의 경우 간단한 단어로 적어 보는 것도 좋다.

Note

둘째 주에는 나의 내면에 자리 잡은 마음속 상처를 주제로 양심성찰을 연습해 보도록 한다. 앞선 기도 수련에서 우리는 마음 안에 깊이 자리 잡은 내면의 상처들을 어떻게 다루어 가며 기도할 수 있는지 언급했다. 우리는 이냐시오식 관상기도를 통해 이러한 내면의 상처를 충분히 치유할 수 있지만, 양심성찰을 통해서도 내면의 상처를 확인하며 치유를 위한 기도를 할 수 있다.

예를 들어, 평소 타인에게 상처 주는 순간이나 상처받는 순간이 있다면, 어떤 경우인지 양심성찰을 통해 알아볼 수 있다. 또한 상처받은 순간을 차분한 마음으로 천천히 되돌아봄으로써 다음부터는 상처가 될 만한 요인을 빨리 파악할 수 있으며, 그러한 요인을 잘 극복하고 대처할 수 있는 은총을 주님께 청할 수도 있다. 그리고 치유하기 어려운 깊은 상처가 있다면 마찬가지로 치유의 빛을 성령께 청하면서 그러한 내면의 상처가 잘 치유될 수 있도록 주님께 긴청할 수도 있다.

이번 주 수련을 위해서 하느님께 반드시 청해야 할 것은 아픈 마음의 상처들을 두려움 없이 자신감을 가지고 잘 바라볼 수 있도록 할 용기의 은총이다. 되돌리기 싫은 과거의 경험을 매번 회피하는 주된 이유는 그러한 경험을 다시금 혼자 겪어야 한다는 두려움 때문일 것이다. 하지만 양심성찰을 할 때는 나의 상처를 혼자만 바라보는 것이 아니라 하느님과 함께 바라본다. 힘든 순간에도 하느님께서 나의 손을 잡아 주시고, 나와 함께 하고 계시다는 사실에 대한 믿음을 가지고 기도하는 것이 중요하다.

이번 주 기도에서 주의해야 할 사항은 현재 일상이 좋지 못한 상황일 경우, 예컨대 직장에서 일이 많아 스트레스가 계속 쌓여 있는 상황이라든지, 육체적으로나 정신적으로 여유가 많지 않고 지쳐 있는 상황이라든지, 사람들과 좋지 않은 관계로 인해 불편한 마음이 평소에 지속되고 있다면 먼저 셋째 주 수련을 하고, 여유가 생긴다면 다시 둘째 주 수련으로 돌아와 실습할 것을 권고한다.

앞서 언급한 바와 같이 양심성찰은 하루에 두 번 하는 것이 기본이며, 한 번 기도할 때는 15분 동안 하는 것이 좋다. 이번 주부터는 기도하기 전에 전체적인 성찰 내용과 순서를 충분히 익히고 난 뒤에 실습하는 것이 좋다.

기도의 길잡이

1. 먼저 성호를 긋고 나서, 잠깐 침묵하며 호흡을 천천히 가다듬는다. 혹시 잡념이 올라온다면 천천히 가라앉히려 노력해 본다.
2. 하느님과 함께 계신다고 생각하며 하느님의 현존을 느껴 본다.
3. 오늘 하루 동안 베풀어 주신 은총에 감사드린다. 이때 추상적으로 감사하다고 기도하기 보다는 한두 가지 구체적으로 감사할 것을 떠올린 뒤에 하느님께 감사드리며 기도해 보자.
4. 지금 이 순간 내 마음에 깊이 자리잡은 상처를 주님께서 펼쳐 보여 주시기를 청해 본다. 이 상처 때문에 지금까지 힘들어하며 어려운 시간을 보내왔고, 이 상처 때문에 다른 사람들에게 똑같은 방법으로 상처를 주기도 하고 받기도 하였음을 인정하며 지금 떠오르는 감정에 솔직해지자. 이 상처 때문에 분노가 치밀어 오르거나, 화가 나거나, 미워지거나, 슬퍼졌음을 잘 알고 있다. 이러한 자연스러운 감정들을 순수하게 받아들이며 그 당시의 상황을 천천히 떠올려 본다. 단, 그 상황을 나 혼자 바라보는 것이 아닌, 성령의 빛 안에서 예수님과 손을 잡고 함께 바라본다.
5. 예수님과 함께 지금 이 순간을 바라보며, 당장 내가 느끼는

감정을 충실하고 솔직하게 예수님께 말씀드리도록 한다. 예를 들어, "예수님, 그 사건 때문에 너무 화가 납니다. 예수님, 그 일 때문에 저는 마음이 너무 아픕니다. 예수님, 그 사람 때문에 너무 슬프고 억울합니다. 예수님, 이제 이 사건 때문에 괴로워하고 싶지 않습니다."

6. 이 상처가 나에게 미치는 부정적인 영향들은 어떤 것이 있는지 잘 살펴본다. 혹 부정적 영향이 잘 떠오르지 않는다면, 주님께 이 상처 때문에 발생하는 부정적 영향을 잘 보여 주십사 다시 한번 청해 본다. 또한 이러한 부정적인 행동을 하지 않기 위해서 나에게 필요한 은총은 무엇인지 살펴보고 그 은총을 주십사 청해 본다.

7. 하느님께서 지금 나에게 필요한 은총을 주고 계심을 믿으며 잠시 침묵 속에 가만히 머물러 본다. 이때 주님께서 주시는 은총을 체험하기 위해 나를 주님께 맡겨 본다. 예를 들어 주님께서 상처받은 나를 치유하기 위해 머리 위에 안수를 주시는 경험을 할 수 있다. 또는 나의 앞에서 그 상처받은 상황에 관해 말씀해 주실 수도 있다. 그리고 아무 말없이 내 옆에 조용히 앉아 나의 하소연을 들어주실 수도 있으며, 나를 아무런 이유 없이 그저 안아 주실 수도 있을 것이다. 예수님께서 무언가 대단한 것을 해 주시리라 기대하지 말고, 그저 가만

히 머물러 본다.
8. 이제 미래에 내면의 상처가 사라진 나의 모습을 상상해 본다. 먼저 치유가 일어났을 때 내 생각과 말과 행동이 어떻게 변화될지 상상해 보며, 이러한 치유가 일어나기 위해 내게 필요한 은총은 무엇이 있는지 생각해 보고 그 은총을 청해 본다. 치유 이후 나의 삶이 어떻게 변할까? 나는 영적으로 더 성장하였는가? 나는 내 이웃에게 더 많은 사랑을 줄 수 있는가? 더 나아가 그 상처를 통해 선을 이루시고자 하시는 하느님의 뜻을 이해하였는가?
9. 마지막으로 하느님께서 나를 상처를 통해 사랑을 실천할 수 있는 사람으로 불러주심에 감사드리며, 동시에 앞으로도 사랑을 전하는 사람으로 살아가겠다고 다짐해 본다.
10. 주의 기도로 성찰을 마무리한다.

기도 회고

양심성찰이 끝난 후, 장소를 옮겨서 성찰한 내용을 다시 되돌아보면서 싱찰 노드에 기록해 보도록 하자. 양식 없이 자유롭게 석뇌, 특별히 치유가 일어난 부분이 있었나닌 치유 전과 후를 비교하며 변화된 부분을 적어 보자.

Note

셋째 주 수련

셋째 주에는 우리의 잘못된 습관, 예컨대 우리가 일반적으로 칭하는 '악습'이라고 하는 것을 성찰하는 시간을 갖는다. 일상에서 반복적으로 일어나는 사건 중에서 잘못된 습관은 무의식적으로 일어나는 경우가 대부분이다. 보통 우리는 평소 습관에 대해 큰 의미를 두지 않고 행동하는데, 그렇게 큰 의미를 두지 않는 행동들이 때로는 상대방에게 큰 영향을 미치는 경우가 많다.

보통 이러한 행동은 무심코 지나가기 때문에 상대방에게 어떻게 영향을 미치고 있는지 잘 모른다. 운 좋게도 상대방이 나에게 이야기해 주거나, 평소와 다른 반응으로 인해 내가 우연히 알게 되는 경우를 제외하고는 나의 행동이 상대방에게 미친 영향을 알아내기는 쉽지 않다.

우리는 양심성찰을 통해 나의 반복된 습관들이 어떤 과정을 거쳐서 형성되었고, 또 이런 습관이 주변 사람에게 어떤 나쁜 영향을 주는지 알 수 있다. 양심성찰을 통해 우리의 성격적인 결점을 주시하며 악습을 지속적으로 바라다보면, 언제 어떤 상황에서 우리가 잘못했는지 알 수 있다. 또 그것이 반복된다면 악습으로 진행되는 상황을 빨리 알아채고 멈출 수도 있다.

이번 주 기도에서 주의해야 할 부분은 우리의 죄성에만 집중하지 않고 하느님과의 관계적인 측면에서 나 자신을 바라보는 것이다. 하느님의 마음을 얼마나 아프게 했는지 성찰함으로써 관계 형성의 장애물이 무엇인지 알아보는 것이 중요하다.

앞서 언급한 바와 마찬가지로 양심성찰은 하루에 두 번이 기본이며, 한 번 기도할 때는 15분 동안 하는 것이 좋다.

기도의 길잡이

1. 먼저 성호를 긋고 나서, 잠깐 침묵하며 호흡을 천천히 가다듬는다. 혹시 잡념이 올라온다면 천천히 가라앉히려 노력해 본다.
2. 하느님과 함께 계신다고 생각하며 하느님의 현존을 느껴 본다.
3. 오늘 하루 동안 베풀어 주신 은총에 감사드린다. 이때 추상적으로 감사하다고 기도하기보다는 한두 가지 구체적으로 감사할 것을 떠올린 뒤에 하느님께 감사드리며 기도해 보자.
4. 오늘 하루를 되돌아보며 내가 평소에 잘 모르고 있었던 습관이 무엇인지 하느님께서 보여 주시기를 청해 본다. 그리고 만약 발견했다면, "주님, 저에게 이러한 습관들이 있었네요. 보여 주심에 감사합니다." 하고 기도한다.

발견이 가능한 습관을 예로 들면 다음과 같다. 습관을 찾을 때는 악습만 찾는 것이 아니라, 선한 습관을 찾는 것도 포함된다.

- 다른 사람들의 결점에 대해 뒤에서 말하는 습관
- 문제가 발생하면 진지하게 해결하려 하기보다는 미루거나 회피하는 습관
- 사소한 문제로 자주 짜증을 부리거나 화를 내거나 분노하는 습관
- 다른 사람의 잘못된 점을 무조건 지적하는 습관
- 여유가 생길 경우 유튜브나 동영상 등을 보면서 시간을 낭비하는 습관
- 가난한 이를 보았을 때, 그냥 지나치지 않고 희사하려고 노력하는 습관
- 사람들에게 늘 웃으며 인사하는 습관
- 나와 의견이 맞지 않더라도 이해하려고 노력하는 습관

양심성찰을 하다 보면, 보통은 좋은 습관보다는 악습이 더 잘 떠오르기 마련이다. 이러한 나쁜 습관을 발견하면 하느님께 용서를 청하거나 또는 치유를 청할 수도 있다. 또는 좋은 습관들을 발견하였다면, 하느님께 감사드리고 감사드리는 이유 또한 말씀드리는 것이 좋다.

5. 충분히 악습과 좋은 습관에 관해 성찰했다면 미래 나의 모습을 상상하며 아래의 질문들을 성찰하고 하느님과 자유롭

게 대화를 나누어 보자.

- 내가 벗어나고 싶은 악습은 무엇인가?
- 계속 유지하고 키워야 할 좋은 습관은 무엇인가?
- 악습을 버리고 좋은 습관을 키우기 위해 하느님께 어떤 은총을 청해야 할 것인가?

6. 마지막으로 나를 좋은 습관으로 이끌어 주시는 하느님께 감사드리며, 앞으로도 좋은 습관을 지니며 살아갈 것임을 다짐해 본다.
7. 주의 기도로 성찰을 마무리한다.

기도 회고

양심성찰이 끝난 후, 장소를 옮겨서 성찰한 내용을 다시 되돌아보면서 성찰 노트에 기록해 보자. 양식 없이 자유롭게 적되 특별히 발견된 나의 악습이나 좋은 습관이 있다면 간단한 단어로 적어 보는 것도 좋다. 만약 악습의 경우 특별 성찰을 해 보는 것도 좋다. 특히 가장 자주하는 한 가지 악습을 정하여 몇 번이나 행했는지 기록해 보는 것도 성찰에 큰 도움이 된다.

넷째 주에는 우리가 매일 수없이 행하고 있는 생각과 말과 행위를 되돌아보는 수련을 해 보도록 한다. 일반적으로 우리가 하는 생각은 말의 근원이 되고, 우리의 말은 행동의 동기가 된다. 결국 매일의 생각과 말과 행동을 살펴보면 우리 삶의 근원을 살펴봄과 동시에 나를 객관화할 수 있는 좋은 훈련이 된다. 이렇게 우리는 양심성찰을 통해 매일의 수많은 생각과 말과 행위를 되돌아봄으로써 나 자신 또는 주변 이웃을 통해 하느님께서 어떠한 방식으로 나와 함께 하셨는지 느껴볼 수 있다.

이번 주 마지막 수련을 하면서 우리는 생각과 말이 어떤 과정을 거치면서 행동으로 드러나게 되는지 알 수 있다. 특히 기도 중에 강하게 다가오는 장면이 있다면, 그 장면 안에서의 생각과 말과 행동과 관련하여 예수님과 대화해 보는 시간을 갖는다. 혹시 예수님께 현재의 마음 상태를 어떻게 말로 표현해야 할지 모르겠다면 단순한 느낌만으로 표현해도 좋다. 중요한 것은 앞선 기도에서와 마찬가지로 내 미래의 삶을 생각하면서, 지금 현실의 삶에서 생각과 말과 행동을 할 때 필요한 은총을 예수님께 청하는 것이다.

앞선 수련과 동일한 방식으로 이번 주에도 하루에 **두 번**, 각각 **15분간** 하기를 권고한다.

기도의 길잡이

1. 먼저 성호를 긋고 나서, 잠깐 침묵하며 호흡을 천천히 가다듬는다. 혹시 잡념이 올라온다면 천천히 가라앉히려 노력해 본다.
2. 하느님과 함께 계신다고 생각하며 하느님의 현존을 느껴본다.
3. 오늘 하루 동안 베풀어 주신 은총에 감사드린다. 이때 추상적으로 감사하다고 기도하기보다는 한두 가지 구체적으로 감사할 것을 떠올린 뒤에 하느님께 감사드리며 기도해 보자.
4. 오늘 했던 생각들이 잘 떠오를 수 있도록 하느님께 도움을 청한다. 도움을 청한 뒤 아래의 방식과 순서대로 떠오른 생각을 성찰해 본다.

- 제일 강하게 들었던 생각은 무엇이었는가?
- 그 생각이 떠오르게 된 원인은 무엇이라고 생각하는가?
- 그 생각이 떠오른 당시, 그 생각은 영적인 자유로움에서 온 것인가? 아니면 자유롭지 못함에서 온 것인가? 그리고 그 생각이 나를 선으로 더

욱 이끌었는가? 아니면 그 반대였는가?

- 그 생각이 자유로움에서부터 비롯되었고 결론적으로 그 생각이 나를 선으로 이끌었다면 하느님께 감사의 기도를 드린다. 반대로 그 생각이 자유롭지 못함에서 비롯되었고 결론적으로는 나를 선하지 못함으로 이끌었다면 하느님께 용서를 청한다.

5. 위의 4번의 내용을 모두 성찰했다면, 같은 방식으로 이번에는 생각이 아닌, 말에 대해서도 적용해 본다. 오늘 내가 했던 말 중 강하게 했던 말이 무엇이었는지 보여 주시기를 하느님께 청하며, 상황에 따라 감사나 용서를 청해 보자.

6. 마지막으로 위의 4번과 같은 방식으로 행위에도 적용하며 성찰해 보자. 성찰하며 떠올랐던 나의 행위는 사랑과 친절을 바탕으로 한 행위였는가? 만약 그렇다면 동기는 무엇이었는지 살펴보자. 그 동기가 나를 선함으로 이끌었다면 하느님께 감사를 청하고 아니라면 용서를 청한다.

7. 이제 미래 나의 모습을 상상해 본다. 나 자신과 내 주변 사람들 그리고 내가 직면하게 될 미래에 대해서 나는 어떤 생각을 가지기를 열망하는가? 그리고 내일 만나게 될 사람들에게 무엇을 말하고 싶으며 어떻게 행동하기를 갈망하는가? 내일 내 이웃에게 실천하고 싶은 사랑은 어떤 것이 있는가? 이 모든 것을 초대하시는 하느님께 집중하며 대화해 본다.

8. 기도 안에서 떠오른 갈망이 있다면 구체적으로 결심해 보도록 하자.
9. 주의 기도로 성찰을 마무리한다.

기도 회고

 양심성찰이 끝난 후, 장소를 옮겨서 성찰한 내용을 다시 되돌아보면서 성찰 노트에 기록해 보도록 하자. 양식 없이 자유롭게 생각과 말과 행동으로 구분하여 적어보도록 한다. 구체적인 결심이 떠올랐다면 결심 내용도 추가하여 적어 보아도 좋다.

Note

8장

염경기도

8장

염경기도

도입

염경기도란 정형화된 기도문을 마음속으로 또는 소리내어 읽으며 하는 기도 방법이다. 우리가 알고 있는 기도 방법 중 가장 전통적으로 많이 하는 것으로, 일정한 형식 없이 주어진 기도문을 암송하며 드릴 수 있기에 비교적 간단하다.

염경기도를 통해 많은 사람이 기도의 은총을 체험한다. 이는 염경기도 자체가 하느님 체험을 바탕으로 하고 있으며, 오랫동안 신앙인의 고백을 기초로 만들어진 기도문을 암송하기 때문이다.

따라서 염경기도는 교회 안에서 가장 전통적이고 아름다운 기도 중 하나라고 할 수 있다.

일반적으로 염경기도는 기도문을 눈으로 읽으며 입으로 소리를 내는 방식으로 한다. 하지만 실제적으로는 마음속으로 그 뜻을 곱씹어 생각함으로써 정성스럽게 소리를 내어 외우는 방식으로 기도해야 한다.

염경기도는 종종 영성생활의 초보자가 제일 처음 접하는 기도로 많이 알려져 있다. 이는 아직 깊이 있는 묵상 훈련이 잘 되지 않은 사람에게 적절한 기도 방법이기에 그렇다. 기도문의 내용을 천천히 읽으면서 기도하면 되는 것이기에 다른 기도 방식에 비해서 단순하다. 그래서 많은 사람이 쉽게 접근하면서도 간단하게 할 수 있다.

많은 신자가 염경기도는 초보자만 하는 기도이고, 고수(?)들은 하지 않는 기도라고 생각하시는 경우가 많이 있는데 이는 잘못된 것이다. 실제로 아빌라의 데레사와 같은 기도의 대가들도 염경기도를 좋아했다. 왜냐하면 염경기도를 통해서 기도의 최종적인 목표인 관상의 경지에 충분히 오를 수 있다고 보았기 때문이다. 염경기도는 아무 생각 없이 입민으로 줄줄 외우는 기도가 아니라 기도문의 내용을 곰곰이 생각하면서 마음으로 하는 기도이며 이러한 측면에서 관상의 정점에 이를 수 있다고 아빌라의 데레사는 본 것이다. 실제로 데레사 성녀는 입으로만 중얼거리며 하는 염경기도는 독과 같은 것이라고 설명했다. 왜냐하면 입으로만 하는 염경기도는 내가 무슨 말을 하고 있는지 생각하지도 않고 하느님께 일방적으로 이야기하는 것이기 때문에 하느님을 모독하는 것이고, 따라서 주문을 외우는 것과 별반 다를 것이 없다고 생각했기 때문이다.

보통 염경기도는 개인만이 바칠 수 있는 것으로 알고 있지만, 사실 개인만 아니라 단체도 바칠 수 있는 기도다. 예를 들어 수도원에서 수도사늘이 단체로, 공농으로 바치는 대표적인 기도가 바로 성무일도다. 염경기도는 개인적인 지향에 따라 기도할 수 있지만 단체가 교회의 일치를 위해 한목소리로 기도하는 것이기도 하므로 기도를 통해 세례받은 모든 사람 안에 계시는 성령의 열매를 맺을 수 있는 통로가 될 수 있다. 결국 공동체의 마음의 일치를 이루기 위해 동일한 기도문을 읽으며 기도함으로써 공동체의 친교를 드러낸다고 하겠다.

우리가 염경기도로 바치는 주된 목적은 청원이다. 보통은 염경기도가 곧 청원기도와 같다고 생각하는 이가 많다. 그 이유는 청원기도를 드릴 때 염경기도를 통해 하느님께 원하는 바를 이야기할 수 있다고 대부분 알기 때문이다. 사실 그리스도교 안에서 청원기도는 모든 기도의 시작이자 마침이라 할 수 있다. 많은 분들이 청원기도를 하는 것이 옳은지 아닌지 의문을 갖기도 한다. 기도의 고수(?)일수록 이러한 의문을 더 많이 갖고 있다. 그렇다면 청원기도를 하는 것이 옳은가?

정답은 하는 것이 옳다. 주님께서 우리에게 직접 가르쳐 주신 대표적인 기도인 '주님의 기도'만 보아도 알 수 있다. 일반적으로 청원기도에는 우리가 어떤 목적을 가지고 이루어지기를 바라는 대상이 늘 있다. 한데 문제는 이 대상만을 늘 갈망하며 기도한다는 것이다. 실제로 하느님께 이 대상을 달라고만 기도에 매달리게 되면 어느 순간 대상에만 관심을 가질 뿐, 대상을 이루게 해 주시는 하느님의 존재 자체는 희미해져 버리게 된다. 결국 청원기도의 핵심은 하느님께서 주시는 선물에만 집중하는 것이 아니라, 그 선물을 주시는 하느님께 집중함으로써, 이 청원하는 행위를 통해 우리가 바라는 모든 것을 가능하게 해 주실 수 있는 전지전능하신 하느님의 안배하심을 인정하는 행위[45]라 할 수 있겠다. 따라서 청원기도를 통해 우리는 하느님은 창조주요 모든 선의 근원임을 인정할 수 있다.

청원기도를 하면서 우리가 주로 실수하는 것은 아무 생각 없이 기도책에 나와 있는 기도문만을 입으로 암송하는 경우다.

---

[45] 정제천, 「그리스도교 기도의 이해와 실천」, 『신학전망』 제164권, 2009, 120쪽.

예수님께서 성경에서 하신 말씀처럼 "빈말을 되풀이하는" 행위다.[46] 사실 빈말을 되풀이하지 말라는 이 말씀은 기도에 대한 예수님의 내적 태도를 가르쳐 주시는 것이다. 기도란 앞서 정의 내린 대로 '대화'다. 기도는 우리의 현 상황에 가장 필요한 것을 말씀드리는 것만으로 끝나는 것이 아니라 하느님께 말씀드린 이후 나에게 들려주시고자 하시는 말씀을 듣는 일이기도 하다. 어떤 의미에서 말하는 것 이상으로 듣는 것이 중요하다. 결국 빈말을 되풀이하지 않는다는 것은 말하는 것과 함께 듣는 것도 같이 이루어져야 함을 뜻한다.

청원기도를 해 보면 주님께서 나의 기도를 들어주시기도 하지만, 들어주시지 않을 때도 있다. 이럴 경우 우리는 나의 단순한 욕심에 따라 기도가 들어지기만을 원하는 것은 아닌지, 더 심하게는 나의 기도가 들어지게 하느님께 강요하고 있는 것은 아닌지 성찰해 보아야 한다. 기도는 내가 원하는 것만 하느님께서 들어주시도록 하느님을 꼭두각시로 세워놓고 조종하는 방법을 터득하는 것이 아니다. 내가 원하는 것을 하느님께서 다 들어주신다면 나는 그야말로 마법사가 되는 것이다. 앞서 데레사 성녀가 생각 없이 말만 하는 염경기도가 "마법"이라 이야기한 이유도 바로 이 때문이다. 지금의 나도 이런 기도에만 심취해서 이기

---

46   위의 논문, 121쪽.

적인 기도에만 몰두하고 있는 것은 아닌지 성찰해 보아야 한다. 이기적인 삶 안에서 나의 욕구만을 채우기 위해 기도를 하게 되면 하느님께서 나에게 주고 싶어 하시는 것을 알아차릴 수 없다. 그것을 알아채지 못하면 결국 나는 내 말만 하게 되고 하느님의 말씀을 듣지 못하게 된다. 즉 '좋은 것'을 알아보지 못하고 당신이 주시고자 하는 것도 받을 줄 모르는 것이다.[47]

어떤 의미에서 청원기도의 최종적인 목적은 내가 원하는 것을 청하는 것이 아니라, 주님께서 나에게 주시고 싶어 하는 것을 청하는 것이다. 그분이 주시고자 하는 것을 받기 위해 내가 끊임없이 간청하는 것, 이것이 청원기도의 근본적인 목적인 것이다. 이렇게 함으로써 기도는 일방이 아닌 양방이 되는 것이고 소통이 이루어지면서 대화가 되고 최종적으로는 하느님과 인격적인 관계가 자연스럽게 형성되는 것이다. 어떤 의미에서 지금 현재 내가 간절하게 뜻하는 바가 이루어지지 않는다고 한다면, 그 순간은 하느님께서 나에게 간절하게 뜻하는 바가 이루어지는 순간일지도 모른다.

47　위와 같음.

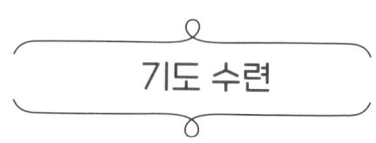

기도 수련

이번 한 달 동안은 염경기도 중에서 기도의 사도직 회원이 가장 많이 바치는 기도문인 15기도를 수련해 보도록 한다.

통상적으로 칭하는 15기도의 정확한 명칭은 '예수 그리스도 수난15기도'다. 스웨덴의 성녀 비르지타(Bridget, 라틴어 Birgitta)에게 계시하신 기도로서 교황 비오 9세에 의해 교회로부터 인가 받았다.

비르지타는 스웨덴 한 고을의 촌장인 아버지에게서 일곱째 아이로 태어났다. 그녀의 집안은 왕손이었으므로 유복한 생활을 하였다. 성녀는 9살이 되던 해에 예수님 수난에 대한 강론을 듣고 매우 큰 감명을 받았다. 그녀가 십자가 앞에서 추위에 떨며 열심히 기도하고 있을 때, 그녀는 십자가에 못 박는 소리가 생생하게 들려오는 것을 느꼈다.

"보라! 내가 얼마나 큰 고통 속에 극심한 상처를 받았는지!"
"오, 주님! 누가 주님을 이렇게 못 박았습니까?"
"나를 멸시하고, 내 사랑을 저버린 자들이다."

비르지타는 아버지의 뜻에 따라 결혼하였고, 아들 넷, 딸 넷을 두었다. 남편은 군주였는데 매우 열성적인 신자였다. 부부 모두 프란치스코 제3회 회원으로 열심히 기도와 보속의 생활을 하였으며, 특히 자선사업에 헌신하였다. 후에 비르지타는 남편의 허락을 받고 봉쇄 수도원에 들어가 기도와 관상생활을 하다가, 남편이 선종하여 과부가 되자 모든 재산을 가난한 이들에게 나누어 주고 남편 묘소 가까이에 있는 수도원에 들어갔다. 그때 성녀는 첫 번째 계시를 받았는데, 그 계시 중에 이른바 "비르지타의 약속"이 포함되어 있다.

성녀 비르지타는 오랫동안 우리 주님께서 수난받으실 때 매맞으신 횟수를 알고 싶어 하였는데, 어느 날 주님께서 그녀에게 나타나시어 말씀하셨다.

"나는 몸에 5,480번의 매를 맞았다. 만일 어떤 방법이라도 그것을 찬미하고 싶다면, **15번의 주님의 기도와 15번의 성모송을 다음 기도와 함께 만 1년 동안 기도하여라**. 그 1년이 끝나면 그는 나의 상처를 낱낱이 찬미한 것이 된다. 이렇게 기도하는 사람은 완덕에 가까워지게 될 것이며, 천상의 어머니이신 성모님께서 특별히 그와 함께하실 것이다."라고 말씀하셨다.

주님께서는 1년간 매일 이 기도를 바치는 모든 이들의 영혼을 당신의 은총 안에 굳게 보호하시어 강한 유혹으로부터 지켜 주실 것이며, 그들은 회개의 은총과 모든 죄의 사함을 받고 완덕의 길로 나아가게 될 것이며, 특별히 그들이 임종할 때 은총을 베푸시어 연옥을 면하고 영원한 기쁨으로 인도되리라고 약속하셨다. 이 기도와 약속은 1740년 예수회의 아드레안 발비레(P. Adrien Parvilliers) 신부가 인가를 받아 프랑스 툴루즈(Toulouse)에서 출판하여 보급한 책자에 따른 것이다. 1862년 5월 31일 교황 비오 9세는 이 기도가 참되며 우리 영혼에 유익함을 인정하고, 서문과 함께 이 기도를 인가하였다. 이 기도를 포함한 소책자 묶음은 1863년 8월 22일 마린즈(Malines) 대공의회에서 인가되었다.[48]

이번 주부터 한 달 동안 15기도를 매일 바치면서 주님의 수난을 묵상하는 시간을 갖도록 한다. 각 기도문의 내용을 눈으로 보고 입으로만 단순하게 읽으며 기도드리지 말고, 기도문의 내용이나 단어의 의미를 마음속으로 깊이 생각하며 천천히 정성스럽게 기도드리도록 노력해 본다. 특히 아래 15기도의 15개 기도 내용 각각을 묵상 주제로 삼아서 하나씩 매일 따로 기도해 보는 것도 좋다.

---

[48] 교황님 기도 네트워크에서 발간한 기도집인 예수그리스도 수난15기도를 참고.

15기도의 기도방식은 다음과 같다. 제1기도부터 제15기도까지 구성되어 있으며, 각각의 기도를 시작할 때는 반드시 주님의 기도와 성모송을 먼저 바친다. 그리고 나서 제1기도부터 15기도까지 본기도를 드린다. 본기도가 끝나면 마지막으로 영광송을 바친 후 다음 기도로 넘어간다.

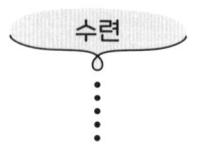

제1기도

주님의 기도, 성모송

오, 주 예수 그리스도여!
당신을 사랑하는 이들에게 영원한 감미로움이시며,
온갖 기쁨과 열망을 초월한 즐거움이시며,
모든 죄인들의 구원과 희망이시여!

인류를 향한 사랑 때문에 때가 되어 인성마저 취하시고,
사람들 가운데 계시는 것보다 더 큰 소망이 없으신 분이여!

영원의 예로부터 하느님의 계획 중에 명하고 정해져 있었듯이,
당신이 잉태되신 순간부터, 특히 수난 받으시는 동안,
인내하며 참으시던 모든 고통을 기억해 주소서.

오, 주님!
제자들과 최후의 만찬을 드실 때, 그들의 발을 씻겨 주시고,
당신의 가장 거룩한 성체와 성혈을 주셨으며,
다가올 수난에 대해 말씀하시며,

인자하게 그들을 위로하시던 것을 기억해 주소서.

"내 영혼은 애타는 근심으로 죽을 것만 같다"고 말씀하셨을 때,
당신의 영혼 속에서 겪으셨던 슬픔과 괴로움을 기억해 주소서.

당신의 꽃다운 젊은 때, 장엄한 파스카 축제 때,
고통 속에 피땀 흘리시며 세 번 기도하신 후,
당신의 제자 유다에게 배반당하셨으며,
당신께서 몸소 택하시고 높이셨던 백성들에게 붙잡히시어,
거짓 증인에 의해 고발되고,
세 사람의 재판관들로부터 부당한 판결을 받으셨을 때,
십자가 고통에 앞서,
자비하신 당신 몸속에서 겪으신 모든 공포와 번민과 아픔을
기억해 주소서.

당신의 옷을 벗기고 조롱의 옷을 입히던 것을,
당신의 얼굴과 눈을 가리던 것을,
매 맞으시고 가시관을 씌우고 손에 갈대를 들게 하던 것을,
기둥에 매어서 극심한 매실도 무서지고,
모욕과 폭행으로 기진하셨던 것을 기억해 주소서.

십자가 수난에 앞서 견디셨던 이 모든 고통과 아픔을 기억하시어,
저희가 죽기 전에,
참다운 통회와 신실하고도 완전한 고백과
모든 죄에 알맞은 보속과 용서를 저희에게 주소서. 아멘.

영광송

제2기도

주님의 기도, 성모송

오, 예수님!
천사들의 참다운 자유이시며, 기쁨의 낙원이시여!

당신의 적들이 성난 사자처럼 당신을 에워싸고,
수많은 모욕과 침 뱉음과 매질과 찢고 할큄,
그리고 들어보지도 못한 잔인한 방법으로 제멋대로 당신을
괴롭혔을 때,
참고 견디셨던 당신의 공포와 슬픔을 기억하소서.

이러한 고통과 모욕의 말들을 생각하시어,
오, 구세주여, 청하오니,
저희를 모든 보이는 적과 보이지 않는 적으로부터 구하여 주시고,
당신의 보호 아래 영원한 구원의 완성에 이르게 하소서. 아멘.

영광송

제3기도

주님의 기도, 성모송

오, 예수님!
어떠한 것으로도 에워싸거나 제한할 수 없는 전능하신 천지 창조주여!
만물을 당신 사랑의 힘 아래 감싸 보호하시는 주님!

유다인들이 크고 무딘 못으로 당신이 거룩한 손과 발을 일격
또 일격 십자가에 못 박고,
참혹해진 당신 모습을 보고도 분노를 가라앉히지 못해,
또다시 당신의 상처를 넓혀 고통에 고통을 더하고,
표현조차 할 수 없는 잔악함으로
당신의 몸을 십자가 위에서 사방으로 잡아당겨 관절을 빼었을 때,
당신께서 겪으셨던 극심한 고통을 기억하소서.

당신께 청하오니, 오, 예수님,
이렇듯 지극한 당신 사랑의 십자가 고통을 기억하시어,
당신을 두려워하고, 당신을 사랑하는 은총을 저희에게 주소서.
아멘.

영광송

제4기도

주님의 기도, 성모송

오, 예수님!
저희 상처를 당신의 상처로 치유하시고자
십자가 위에 높이 들어 올려진 천상의 의사여!

당신 몸의 수많은 피멍과
참혹하게 부어오른 팔다리의 극심한 고통을 기억하소서.

머리의 가시관에서부터 발끝에 이르기까지
당신 몸에는 상처받지 아니한 곳이 하나도 없었고,
그러함에도 이러한 모든 고통을 잊으시고 당신의 적들을 위하여,
"아버지, 저들을 용서하소서. 저들은 자기들이 무슨 일을 하는지
모르나이다."라고,
하느님 아버지께 기도하는 일을 멈추지 않으셨던 것을 기억해
주소서.

이 크신 자비와 고통을 생각하시어,
당신의 혹독한 수난으로,
저희에게 온전한 통회와 모든 죄의 사함을 얻을 수 있는 은총을

주소서. 아멘.

영광송

제5기도

주님의 기도, 성모송

오, 예수님!
영원한 광채의 거울이시여!

당신 신성의 빛으로 당신의 거룩한 수난 공덕으로 구원될
사람들을 보시고,
또한 자신의 죄 때문에 단죄 받고 버림받게 될 수많은 사람들을
보시며,
이들 희망 없고 잃게 될 비참한 죄인들 생각에,
극심히 탄식하시며 겪으셨던 당신의 슬픔을 기억하소서.

선한 강도에게,
"오늘 그대는 나와 함께 낙원에 있을 것이다."라고 말씀하셨을 때
보여주신 당신의 그 깊은 연민과 동정으로,
아, 감미로운 예수님, 당신의 선하심에 의지하며 청하오니,
임종 때 저희에게 자비를 베푸소서. 아멘.

영광송

제6기도

주님의 기도, 성모송

오, 예수님!
사랑하옵고 희망이신 왕이여!

옷 벗김을 당하시고 천한 죄인처럼 십자가 위에 못박혀
올려졌을 때,
당신께서 겪으셨던 그 슬픔을 기억하소서.

모든 친척들과 친구들이 당신을 저버렸던 극심한 고통의 순간,
당신 곁에 함께 하시던 사랑하는 어머니에게,
"여인이시여, 이 사람이 어머니의 아들입니다." 하시고,
충실한 제자 요한에게,
"이분이 네 어머니시다."라고 말씀하시며,
저희에게 당신의 어머니를 내어 주셨습니다.

아, 나의 구세주여,
거룩하신 당신 어머니의 영혼을 꿰뚫은 슬픔의 검에 의탁하며
청하오니,
저희 육신과 영혼이 고통과 번민 중에 있을 때 저희를 불쌍히

여기시고,

모든 시련 중에, 특히 임종 때 저희를 도우소서. 아멘.

영광송

제7기도

주님의 기도, 성모송

오, 예수님!
인류 구원에 대한 갈증으로 괴로워하시고,
깊은 사랑의 몸짓으로 십자가 위에서 "목마르다."라고 하신
그칠 줄 모르는 연민의 샘이시여!

당신께 청하오니, 오, 구세주여,
저희 안에 육신과 현세의 욕망이 타오를 때 꺼지게 하시고
사라지게 하시며,
저희의 모든 행실이 완덕으로 나아가는 열망을 저희 마음속에
태워 주소서. 아멘.

영광송

제8기도

주님의 기도, 성모송

오, 예수님!
마음의 감미로움이시며, 영혼의 기쁨이시여!

저희에 대한 사랑 때문에 십자가 위에서 맛보신
초와 쓸개즙의 극심한 쓴맛을 기억하시어,
저희가 사는 동안과 임종 때,
당신의 존귀한 성체와 성혈을 합당하게 받아 모시는 은총을 주시어,
저희 영혼에 치유와 위로가 되게 하소서. 아멘.

영광송

제9기도

주님의 기도, 성모송

오, 예수님!
참된 덕이시며, 마음의 기쁨이시여!

죽음이 다가오고 있을 때,
극렬한 아픔의 바다에 던져 버려져,
유다인들로부터 모욕과 멸시를 받으시고,
"나의 하느님, 나의 하느님, 어찌하여 나를 버리시나이까?"라고
하시며,
성부께 버림받으신 것을 큰 소리로 외치실 때,
당신께서 참고 견디시던 고통을 기억하소서.

오, 구세주여,
이러한 당신의 고통에 의탁하며 청하오니,
저희가 죽음의 공포와 고통 중에 있을 때, 저희를 버리지
마옵소서. 아멘.

영광송

제10기도

주님의 기도, 성모송

오, 예수님!
온갖 사물과 생명과 덕의 시작이며 마침이신 분이여!

발끝에서부터 머리의 가시관에 이르기까지,
저희를 위하여 고난의 심연에 내버려지던 일을 기억하소서.

당신 상처의 극악함을 생각하시어,
당신을 사랑하는 자에게는 넓고도 쉬운 당신의 계명을,
단순한 사랑으로 지킬 수 있도록 저희를 가르쳐 주소서. 아멘.

영광송

제11기도

주님의 기도, 성모송

오, 예수님!
자비의 심연이시여!

당신께 청하오니,
당신의 뼛속 골수와 당신 존재의 심연을 관통한 상처를
기억하시어,
죄에 짓눌려 비참해진 저희 죄인들을 죄로부터 떼어버리시고,
저희를 향해 정의롭게 노하신 당신 얼굴로부터 저희를 숨겨
주시고,
당신의 분노와 의로운 진노가 지나갈 때까지,
당신 상처 속에 저희를 숨겨 주소서. 아멘.

영광송

제12기도

주님의 기도, 성모송

오, 예수님!
진리의 거울이시며, 일치의 모상이시며, 자비와 사랑의 횃불이시여!

머리에서 발끝까지,
찢기고 거룩한 성혈로 붉게 물든
고통스러운 당신의 수많은 상처를 기억하소서.

저희를 사랑하시기에, 당신의 지극히 순결한 육체 속에 묻어버린,
오, 위대하고 우주적인 고통이여!

감미로운 예수님!
저희를 위하여 당신께서 하시지 않은 것이 또 무엇이 있겠습니까?

저희가 당신의 수난을 충실히 기억하여,
저희 영혼 속에 당신 고난의 열매가 새로워지게 하시고,
영인에서 당신을 뵈올 때까지,
날마다 당신의 사랑이 저희 마음속에 자라게 하소서.

당신은 모든 참다운 선과 기쁨의 보고이시니,
오, 감미로운 예수님,
하늘나라의 모든 참된 선과 기쁨을 저희에게 주소서. 아멘.

영광송

제13기도

주님의 기도, 성모송

오, 예수님!
불사불멸의 왕이시며, 무적의 왕이시여!

당신의 몸과 마음 모두 온전히 지치시어,
"다 이루어졌다."고 하시며 고개를 떨어뜨리실 때,
당신이 참고 견디시던 고통을 기억하소서.

이 고통과 슬픔으로,
제 마음이 극도로 고통스럽고 제 영혼이 괴로울 임종 때,
자비를 내려주시기를 주 예수 그리스도께 간청하나이다. 아멘.

영광송

제14기도

주님의 기도, 성모송

오, 예수님!
성부의 외아들이시며, 하느님 신성의 광채이시며 형상이시여!

"아버지, 제 영혼을 당신 손에 맡기나이다." 하시며,
겸손되이 당신의 영혼을 영원하신 성부께 온전히 내어 드렸던
것을 기억하소서.

저희 죄를 기워 갚기 위하여,
당신의 몸은 찢기고, 당신의 성심은 부서지고,
당신 자비의 옆구리는 열려진 채 숨을 거두셨나이다.

이 거룩한 죽음에 의탁하여, 당신께 청하오니,
오, 모든 성인의 왕이시여,
악마와 육신과 세속에 맞설 수 있게,
저희를 도우시고, 위로를 주시어,
이 세상에서 죽고, 당신만을 위하여 살아가게 하소서.
당신께 청하오니,
임종 때 당신께 돌아갈 순례자며 방랑자인 저희를 받아 주소서.

아멘.

영광송

제15기도

주님의 기도, 성모송

오, 예수님!
열매 많은 참된 포도나무여!

포도송이에서 짜여 나오는 포도즙처럼,
당신의 거룩한 몸으로부터 아낌없이 쏟으신,
은총 가득한 당신의 성혈을 기억하소서.

병사의 창에 찔린 옆구리에서는
당신 몸속의 피와 물이 마지막 한 방울까지 모두 쏟아져 나와,
자비하신 당신의 육체는 파괴되고,
당신 몸의 참 형상은 시들고,
당신의 뼛속 골수는 말라 버렸나이다.

이 극심한 수난과 당신께서 쏟으신 그 거룩한 성혈을 통해,
당신께 청하오니, 오, 감미로운 예수님,
저희가 죽음의 고통 중에 있을 때, 저희 영혼을 받아 주소서. 아멘.

영광송

마침기도

오, 감미로운 예수님!

저희의 통회와 사랑의 눈물이
낮이나 밤이나 저희 양식이 되도록 저희 마음을 꿰뚫어 주소서.

저희는 온전히 당신께 돌아와,
저희 마음은 당신이 머무시는 영원한 집이 되고,
저희 말과 행위는 당신께 기쁨이 되고,
저희 생의 마지막 순간은 하늘나라에 합당한 자 되게 하시어,
그곳에서 모든 성인들과 함께 영원토록 당신을 찬미하게 하소서.
아멘.